Mosaik
bei GOLDMANN

Buch

Dieses Buch zeigt Ihnen Ihren ganz persönlichen Weg zu Reichtum und finanziellem Erfolg. Bernd W. Klöckner verrät Ihnen das wichtigste Erfolgs-Know-how und die wichtigsten Erfolgsgeheimnisse rund ums gewinnbringende Aktienfondssparen. Er liefert Ihnen eindrucksvolle, wirksame und sofort umsetzbare Gewinnerregeln für Ihre Geldanlage in Aktienfonds. Sie lernen das Geheimnis des Freiheitsvermögens© und eine einmalige Methode kennen, wie Sie mit Hilfe dieses Freiheitsvermögens© mühelos Ihren ganz persönlichen Finanzplan für Ihren Weg zu Reichtum entwickeln.

- Welche »Wenn-dann-Fallen« Reichtum verhindern
- Die 3-Monats-Erfolgsregel
- Wie Erfolgssparer reich werden
- Welches einzige Risiko es bei Aktienfonds gibt
- Gewinnerstrategien für jeden Anlagetyp
- Individuelle Risikoanalyse
- Die G&G Erfolgsstrategie
- Clever Immobilien finanzieren
- Reich mit Aktienfonds für Kinder & Jugendliche
- Das Geheimnis des Freiheitsvermögens© und
Ihr persönlicher Finanzplan zu Reichtum

Autor

Bernd W. Klöckner zählt als Finanz- und Erfolgstrainer zu den Besten und Bestbezahlten seiner Branche in Deutschland, Österreich und der Schweiz. Er trainierte bereits Zehntausende begeisterter Seminarteilnehmer, darunter Finanzdienstleister und Verbraucher. Sein Spezialgebiet ist ein bis heute einzigartiges Finanztraining für finanzielle Unabhängigkeit. Seit mehr als 14 Jahren Finanzinsider und seit über 10 Jahren unabhängiger Finanzjournalist ist der ehemals leitende Wirtschaftsredakteur über zehnfacher Bestseller- und Erfolgsautor. Er beherrscht sein »Finanzhandwerk« wie kein anderer, spricht aus der Praxis für die Praxis. Anspruchsvoll, humorvoll, authentisch und sofort umsetzbar.

Von Bernd W. Klöckner außerdem bei Mosaik bei Goldmann:

Systematisch reich! Was Sie tun müssen,
damit das Geld zu Ihnen kommt (16270)

BERND W. KLÖCKNER

Systematisch reich mit

Aktien-
fonds!

Die Erfolgsgeheimnisse der Gewinner

Mosaik
bei GOLDMANN

Wichtiger Hinweis

Trotz sorgfältiger Recherche des Autors wird für alle genannten Fondsgesellschaften, Personen, Finanzprodukte keine Gewähr übernommen. Der Autor empfiehlt auf der Basis der in diesem Grundkurs vermittelten Erkenntnisse in jedem Fall das Gespräch mit einem unabhängigen, professionellen Anlageberater. Insbesondere bei der Geldanlage in Aktien und Aktienfonds. Darüber hinaus besteht jedoch bei allen Geldanlagen in Wertpapieren – je nach Anlageprodukt – ein niedriges bis größeres Risiko. Abhängig von wirtschaftlichen Entwicklungen kann es zum Totalverlust kommen. Der Autor weist ausdrücklich darauf hin, dass es höhere Renditen nur bei entsprechendem Risiko gibt.

Umwelthinweis:
Alle bedruckten Materialien dieses Taschenbuches
sind chlorfrei und umweltschonend.

Originalausgabe August 2000
© 2000 Wilhelm Goldmann Verlag, München
in der Verlagsgruppe Bertelsmann GmbH
Umschlaggestaltung: Design Team München
unter Verwendung folgender Fotos:
Umschlag: Collage Bavaria VCL/Darius Ramazoni
Umschlaginnenseiten: Bavaria/VCL
Redaktion: Birgit Hahn
Satz: Uhl + Massopust, Aalen
Druck: Presse-Druck, Augsburg
Verlagsnummer: 16327
Kö · Herstellung: Max Widmaier
Made in Germany
ISBN 3-442-16327-7
www.goldmann-verlag.de

3 5 7 9 10 8 6 4

INHALT

VORWORT

Ob Sie reich sind oder nicht, entscheiden in erster Linie Sie ganz alleine. Die erste Gewinnerregel auf dem Weg zu Reichtum lautet: *Denken Sie sich reich und Sie werden reich.* Denken Sie sich arm und Sie bleiben/werden arm. Aktienfonds sind eine optimale Form der Geldanlage, wenn Sie auf Dauer und ohne Mühe, sozusagen nebenbei, reich werden wollen. Aktienfonds sammeln das Geld zahlreicher Anleger, und Experten investieren es in verschiedene Börsenmärkte. Sie sparen sich also die Mühe, allein in Deutschland aus derzeit rund 20 000 Aktien und 25 000 festverzinslichen Wertpapieren die Gewinner auswählen zu müssen. Stattdessen gehen Sie zu Ihrer Bank, schließen einen oder mehrere Investmentfondssparverträge ab und lassen dann Fondsmanager mit Ihrem Geld für sich arbeiten. Tag für Tag.

Alles, was Sie dabei tun müssen, ist, einige grundlegende Gewinnerregeln und Erfolgsgesetze zu beachten, dann steht Ihrem künftigen Reichtum nichts im Wege. Ich möchte Ihnen das mit einer kleinen Zahl und einem kleinen Gedankenspiel belegen.

Mit fünf Mark am Tag zum Millionär!

Fünf Mark am Tag, das sind pro Stunde lediglich 20 Pfennig, die Sie in ein Sparschwein werfen. Stellen Sie sich einmal vor, Sie stellen ein solches Sparschwein auf Ihren Schreibtisch im Büro, auf Ihren Arbeitstisch zu Hause, auf den Küchentisch oder wo auch immer hin. Bei 24 Stunden am Tag kämen so rund fünf Mark pro Tag zusammen. Wenn Sie das knapp 38 Jahre lang tun und mit Zins und Zinseszins bei 11 Prozent in einen erfolgreichen Aktienfonds sparen, besitzen Sie 1 000 000 Mark. Mit ein bisschen Glück und einem erfolgreichen, möglicherweise aber auch spekulativerem und damit risikoreicherem Aktienfonds (vgl. Kapitel 4, Fondstypen) erreichen das diejenigen, die keine 38 Jahre mehr sparen können oder wollen, auch schneller. Dann sind es vielleicht lediglich 30 oder im besten Fall nur 20 Jahre. Ein chinesiches Sprichwort sagt:

**Auch eine tausend Meilen lange Reise
beginnt mit dem ersten Schritt.**

Nichts anderes trifft aufs Reichwerden mit Aktienfonds zu, denn:

**Auch der Aufbau eines großen Vermögens
beginnt mit dem ersten Schritt.**

Ihre »tausend Meilen« lange Reise zu Reichtum beginnt mit Ihrem ersten Schritt. Denken Sie immer wieder daran: Heute ist der erste Tag Ihrer Reise zu Reichtum. Wie Gewinner und zahlreiche Erfolgsmenschen vor Ihnen, müssen Sie nur eines tun: Sparen & Investieren. In diesem Buch werde ich Ihnen die geniale Idee des Investmentsparens nahe bringen und die Geldgesetze der Gewinnsparer offenbaren. Die treuen Leser meiner Bücher bitte ich um Verständnis, wenn sie die eine oder andere Information aus »Systematisch reich!« wieder finden. Es ist mir wichtig, dass auch Einsteiger und »Erstleser« meiner Bücher die Basisinformationen rund um das Thema Aktienfonds lesen und reich werden. Das Herrliche bei Aktienfonds ist: Sie müssen nichts weiter tun, als einen Sparvertrag abzuschließen. Das bedeutet: Sie gehen zu Ihrer Bank oder schließen einen Vertrag per Telefon ab (siehe Seite 203 ff.). Danach lehnen Sie sich zurück und lassen Ihr Geld für Sie arbeiten. Sie stellen also das bei Tausenden von Menschen erfolglose Prinzip »Ich muss so hart für mein Geld arbeiten« auf den Kopf, ändern zielgerichtet Ihre Einstellung und lassen Profis hart für Ihr Geld arbeiten. Diese Profis, auch Fondsmanager genannt, müssen Leistungen bringen. Jedes Jahr werden sie aufs Neue gemessen, ob sie – wie man so schön sagt – den »Markt« geschlagen haben.

Ein Beispiel: Sind internationale Aktien durchschnittlich um sagen wir 15 Prozent gestiegen, ein in internationale Aktien investierender Fondsmanager hat jedoch lediglich zwölf Prozent Gewinn erzielt, ist der künftige Erfolgsdruck riesig oder es wird –

ruck, zuck – das Fondsmanagement gewechselt. Der Erfolgsdruck für die Fondsmanager wird durch den immer stärkeren Wettbewerb ständig größer. Sie als Investor profitieren davon. Für alle diejenigen, die auf Dauer und ohne eigene Mühe reich werden wollen, geht es also einfacher. Es gilt lediglich zu wissen, was Investmentfonds, speziell Aktienfonds, sind und wie Sie handeln müssen, um auf Dauer auf der Gewinnerseite zu stehen. Langfristig sind Aktienfonds unschlagbar. Je länger die Laufzeit, desto besser. Aus diesem Grund liegt der Schwerpunkt dieses Buches auf dem Investmentsparen mit Aktienfonds. Es geht um Ihr persönliches Erfolgsprogramm zu Ihrer ersten Million oder zu weiteren Millionen, falls Sie bereits die erste besitzen.

Für wen dieses Buch geeignet ist

Das Buch richtet sich erstens an alle Sparanfänger, die erst wenig Erfahrung mit Geldanlagen haben, aber endlich wissen wollen, was es mit dem »Autopilot« Aktienfonds auf sich hat, welche Gewinnerregeln sie bei der Geldanlage in Aktienfonds beachten müssen und welche Anlagefallen es gibt. Das Buch ist richtig für Sie, wenn Sie zu den Menschen gehören, die (noch) zu wenig Geld haben, aber mehr Geld wollen, die reich werden wollen.

Zweitens richtet sich das Buch an alle, die bereits erste Erfahrungen mit Aktienfondssparen und damit ein kleines oder bereits größeres Vermögen machen konnten. Ich verspreche Ihnen: Sie werden in diesem Buch wichtige, neue Gewinnerregeln und zahlreiche geldwerte Praxisbeispiele und Anregungen kennen lernen.

Drittens richtet sich das Buch an alle, die – ob mit oder ohne Geld und Vermögen – in der Angst leben, Aktienfonds seien zu gefährlich. Also alle, die aus der Angst, Geld wieder verlieren zu können, immer aufs Sparbuch oder sonstige unsinnige Sparpläne setzen. Ich zeige Ihnen, wieso Sie sich mit vielen Geldanlagen außer Aktienfonds im Grunde genommen arm sparen und dass Aktienfondssparen auf längere Sicht eine ganz sichere Geldanlage ist.

Letztlich richtet sich das Buch an alle, die sich bereits so richtig reich fühlen, aber noch mehr aus ihrem Geld machen wollen und zu den Menschen gehören, die niemals genug wissen können und stets gerne dazulernen.

Nun wünsche ich Ihnen viel Spaß beim Reichwerden, aber denken Sie daran: Theoriekenntnis allein bringt nichts. Das Geheimnis der Gewinner und das Geheimnis jeglichen Erfolges lautet: Tue es!! Das bedeutet: Lesen Sie dieses Buch aufmerksam, machen Sie sich jede Menge Notizen, und erstellen Sie konkret die für Sie nötigen Schritte zum Abschluss eines ersten, zweiten oder weiterer Aktienfondssparvertrages. Arbeiten Sie mit und in diesem Buch. Sie finden dafür am Ende einzelner Kapitel zusätzlichen Platz.

Zum Schluss erlaube ich mir noch eine Zukunftsprognose: Wenn Sie das in diesem Buch beschriebene Erfolgsprogramm mit Aktienfonds konsequent befolgen und die einzelnen Gewinnergesetze anwenden, werden Sie reich!

Viel Spaß beim Lesen!
Bernd W. Klöckner
(www.YOMO.de)

Garantie

Ich garantiere Ihnen, dass Sie, wie auch immer Sie heute finanziell dastehen, gleich wie wenig oder viel Sie verdienen oder besitzen, systematisch reich & frei werden, wenn Sie jeden Tag das in diesem Buch beschriebene Erfolgsprogramm umsetzen und die Gewinner- und Erfolgsregeln dieses Buches systematisch anwenden.

Lahnstein, Schloss Martisburg   Bernd W. Klöckner

1.

Wenn andere Menschen mit cleverer Geldanlage & Investmentfonds reich geworden sind, können Sie es auch

Finanzielle Freiheit ist kein Privileg, das man geschenkt bekommt oder nicht. Finanzielle Freiheit ist Gewohnheit, die du nur selbst erwerben kannst.
K. Walter, amerikanischer Erfolgspsychologe

Das ist meine wichtigste Botschaft für Sie zu Beginn, sofern Sie Sparanfänger oder Einsteiger sind: Reichtum, Reichsein ist keine Geheimwissenschaft, sondern es ist etwas, das Sie lernen können. Jeder von Ihnen kann lernen, reich zu sein. Sie müssen einfach nur tun, was andere reiche und erfolgreiche Menschen vor Ihnen getan haben, und Sie werden die gleichen Ergebnisse erzielen: Reich und erfolgreich sein. Immer wieder treffe ich Menschen, die sagen

»Von Geld habe ich doch keine Ahnung.«

»Aktienfonds? Das ist mir zu schwierig. Da weiß doch niemand mehr, welchen Fonds er kaufen soll.«

»Andere mögen reich mit Aktienfonds geworden sein. Für mich ist das gewiss nichts.«

»Also, das ist mir zu kompliziert. Ich habe seit Jahren meine Banksparpläne und bin zufrieden. Dabei bleibe ich weiter. Es sind nicht die höchsten Zinsen, aber was macht das schon.«

**»Aktienfonds, NEIN! Da ist mir das Risiko zu groß.
Das kann ja nicht immer so weitergehen, irgendwann muss ja
mal Schluss sein mit den Kursgewinnen.«**

Bei Personen mit diesen Gedanken überwiegt die negative Geld-
einstellung. Viele dieser Menschen trauen sich nicht zu, mit Geld
erfolgreich umzugehen. Schlimm ist: Viele dieser »Geldmeinun-
gen« basieren auf Unwissen. Aber es fällt uns eben leichter zu sagen: »Aktienfonds, das ist mir zu schwierig…«, statt zuzugeben:
»Ich kann eigentlich keine Meinung zu Aktienfonds haben, da ich
mich nie darum gekümmert habe, was Aktienfonds wirklich sind
und wie ich mit Aktienfonds reich werden kann.«

Tatsache ist: Sie, ich, Ihr Nachbar, Ihre Freunde, die Mitglieder
Ihrer Familie, alle haben wir die gleiche Chance, Geldgesetze der
Gewinner für uns selbst umzusetzen und dann selbst zu gewinnen. Sie können jeden Erfolg eines erfolgreichen und reichen
Menschen ebenfalls erzielen, wenn Sie nur das tun, was dieser erfolgreiche und reiche Mensch getan hat. Wenn eine ganz bestimmte Person reich werden konnte, dann können Sie auch
reich werden. Wenn andere Menschen in den letzten Jahren und
Jahrzehnten mit der Geldanlage in Aktienfonds reich werden
konnten, können Sie es auch. Leider werden aber die meisten
Menschen nie reich, da sie bis zur Eröffnung ihres ersten Fonds-
sparplans Jahre vergehen lassen. Oder sie haben zu wenig Disziplin und unterbrechen einmal begonnene Sparpläne immer wieder.

Was jedoch nicht stimmt, ist, dass es zwei Typen von Menschen
gibt: einen Typ, der gut mit Geld umgehen kann, und einen anderen, der schlecht mit Geld umgehen kann. Ob Ihr Nachbar, Ihr
Freund, Ihre Freundin oder Ihr Bruder besser mit Geld umgehen
kann als Sie, ist kein Schicksal. Sie alleine entscheiden, wie Sie mit
Geld umgehen und was Sie über den richtigen Umgang mit Geld
lernen wollen. Das Geld, über das wir sprechen, ist immer das
gleiche Geld. Wenn es also den Verschwendern offensichtlich
ständig aus den Fingern rollt, muss es an den Verschwendern liegen, denn für die Sparsamen ist Geld offensichtlich flach, und sie
schichten es auf!

Wenn Sie jetzt immer noch sagen: »Von Geld habe ich aber

wirklich keine Ahnung, und ich glaube auch nicht, dass ich das je lernen kann«, dann lesen Sie aufmerksam die folgenden Zeilen, die davon handeln, was uns Menschen allen gemeinsam ist:

- 15 Milliarden Gehirnzellen
- Ohren, die 1600 verschiedene Frequenzen hören können
- In jedem Sehnerv über 800 000 Fasern, die endlos Informationen von über 132 Millionen Stab- und Zapfenzellen vermitteln

Wir Menschen haben also alle die gleichen Lernvoraussetzungen. Wenn Sie bislang dachten, Sie hätten zu wenig Kenntnisse, um reich zu werden und Ihr Geld wirklich Gewinn bringend anzulegen, und Sie könnten über Geld nichts lernen, irren Sie. Beginnen Sie noch heute, und eignen Sie sich diese Geldkenntnisse eben an. Wer jetzt denkt, »Ich kann nicht«, sagt eigentlich, »Ich will nicht«. Am Können liegt es in den seltensten Fällen, Sie müssen nur wollen.

Lesen Sie dieses Buch aufmerksam, und handeln Sie anschließend. Denken Sie daran: Wenn andere Menschen reich werden konnten, dann können Sie es auch! Die Grundlagen in uns allen sind die Gleichen. Sie müssen nur reich werden wollen und dann mit Disziplin das tun, was andere erfolgreiche Menschen bereits hundertfach vor Ihnen getan haben. Hand aufs Herz: Wie oft haben Sie in der Vergangenheit bereits versucht, einfach nur das zu tun, was andere erfolgreiche und reiche Menschen vor Ihnen getan haben? Wie viel Zeit haben Sie bis heute dafür investiert, sich Geldkenntnisse anzueignen? Hätten Sie es auch nur einmal versucht, würden Sie nicht mehr sagen können, dass es nicht funktioniert. Im Gegenteil: Sie würden mir bestätigen, dass es funktioniert. Ich garantiere Ihnen persönlich: Wenn Sie die Geldgesetze dieses Buches alle lesen und anwenden, werden Sie mit Ihrer Geldanlage in Aktienfonds reich!

2.

Schließen Sie mit sich selbst einen Spar-VERTRAG

Wenn Sie reich werden wollen, müssen Sie sich mit Ihrer gesamten Persönlichkeit dazu entschließen. Am besten ist: Ihr Entschluss steht bereits am Anfang dieses Buches fest. Denn je stärker Sie sich von Anfang an, also ab heute, verpflichten, desto wahrscheinlicher ist es, dass Sie Ihre Vereinbarung sich selbst gegenüber einhalten und reich werden. Bevor Sie also weiterlesen, füllen Sie bitte den folgenden Vertrag zur finanziellen Unabhängigkeit aus, und setzen Sie Datum und Unterschrift darunter. Besonders wichtig: Begründen Sie Ihren Vertrag, den Sie mit sich selbst schließen. Die Idee zu diesem Vertrag zur finanziellen Unabhängigkeit stammt aus Hans-Peter Zimmermanns lesenswertem Buch »Geld ist schön«.

In meinem Buch »Systematisch reich!« erwähne ich eine Studie des amerikanischen Psychologen Joshua Smyth von der North Dakota State University. Smyth und seine Mitarbeiter kamen nach verschiedenen Versuchen zu dem Ergebnis, dass Menschen von traurigen Erlebnissen oder traurigen Gedanken zu heilen sind, wenn sie diese aufschrieben. Durch dieses Aufschreiben wurde das emotionale Chaos im Kopf seiner Patienten geordnet. Neben Smyth ist auch ein Kollege von ihm, James Pennebaker von der Uni Texas, der Ansicht, dass diese Schreibtherapie jedem Menschen hilft, ein emotionales Chaos im Kopf zu ordnen. Markus Soler, Wissenschaftler aus Basel, liefert eine Begründung: Nach seiner Auffassung könnte es sein, dass die Menschen durch das Aufschreiben traumatischer, ungeordneter Erlebnisse eigene Krankheiten endgültig akzeptieren und in Folge sehr regelmäßig die notwendigen Medikamente anwenden. Diese Meinung lässt sich problemlos auf den Umgang mit Geld übertragen: Jeder, der einmal Unordnung und zum Schluss emotionales Geldchaos (Geldsorgen, Angst vor dem nächsten Anruf der Hausbank, kein

STOPP!

Bitte füllen Sie diesen Vertrag aus, bevor Sie weiterlesen:

VERTRAG ZUR FINANZIELLEN UNABHÄNGIGKEIT

Ich

_____

(Vorname/Name)
entschließe mich heute, am

_____

(heutiges Datum)
dazu, alles in meiner Macht Stehende zu tun, die
Gesetze des in diesem Buch beschriebenen
Erfolgsprogramms innerhalb kürzester Zeit
umzusetzen. Ich will finanziell unabhängig, reich und
frei sein. Mein Entschluss ist deshalb für mich wichtig,
weil

1. _____

2. _____

3. _____

(Begründung/en)

_____

(Datum, Unterschrift)

Geld mehr am Geldautomaten usw.) erfahren hat, kennt das Gefühl, sich nur noch hinsetzen und Ordnung ins Chaos bringen zu wollen. Instinktiv spüren wir, dass Geldchaos gefährlich ist, während Geldordnung uns Sicherheit bietet. Alles in allem bedeutet das, dass Schreiben auch eine gewisse Verpflichtung beinhaltet. Und in Robert Cialdinis Buch »Die Psychologie des Überzeugens« ist einer der Faktoren, andere oder sich selbst zu überzeugen, die Begründung durch das kleine Wörtchen »weil«. Bevor Sie also jetzt weiterlesen, überprüfen Sie nochmals Ihren »Vertrag«, und füllen Sie diesen persönlichen »Vertrag« sorgfältig aus. Haben Sie Ihre wirklichen Gründe genannt, wieso Sie überhaupt finanziell unabhängig, reich & frei sein wollen? Geben Sie sich selbst die wichtigen Antworten auf die Fragen:

1. Warum will ich dieses Ziel erreichen?

2. Was ist mir so wichtig an diesem Ziel?

Finanziell unabhängig, reich & frei zu sein, muss für Sie aus bestimmten inneren Werten heraus erreicht werden wollen. Nur wenn diese inneren Werte stimmen, wenn Sie wissen, wieso Sie Ihre Ziele erreichen wollen, stimmt Ihre Motivation, die Sie brauchen, um die einzelnen Schritte dieses Erfolgsprogramms durchzuführen.

3.

Die richtige ZIEL-EIN-STELLUNG
für Reichtum

Einen Teil sollst du verschenken.
Einen Teil sollst du ausgeben. Einen Teil sollst du sparen.
Persisches Sprichwort

Neben der Tatsache, dass Sie Ihre Ziele begründen müssen, sollen Ihre Ziele ganz klar umrissen sein. Finanziell unabhängig, reich & frei sein zu wollen bedeutet, mehr zu wollen oder zu verspüren als lediglich den undifferenzierten Wunsch »Ich will mehr Geld«. Wenn wir in meinen Seminaren auf Geldziele zu sprechen kommen, gibt es immer wieder Teilnehmer, die ausschließlich diesen Satz sagen:

»ICH WILL MEHR GELD!!«

Was würden Sie tun, um diesen Menschen ihren Wunsch zu erfüllen? Ganz einfach. Machen Sie's wie ich. Ich gebe diesen Leuten einige Pfennig, wenn ich gut gelaunt bin, auch mal eine Mark oder künftig eben einen Euro. Damit ist der Wunsch dieser Menschen erfüllt, oder? Schließlich verfügen sie dann über mehr Geld und das ist es doch, was sie haben wollten? – Nein, das ist es eben nicht. Es macht immer wieder Spaß zu sehen, wie diese Personen durch dieses kleine Spiel innerhalb kurzer Zeit davon überzeugt werden, dass Geldziele klar, sehr genau und vor allem unmissverständlich ausgedrückt sein müssen. Wenn Sie sagen »Ich will mehr Geld«, meinen Sie auch nicht, dass Sie nur ein paar Pfennig zusätzlich wollen. Im Gegenteil: Sie haben ganz klare Geldziele und Geldvorstellungen. Wichtig ist, dass Sie Ihre Geldziele und Geldvorstellungen klar formulieren.

Statt bis heute …

»ICH WILL MEHR GELD!!«

ab sofort …

Klare Geldziele & Geldvorstellungen!!

Daher ist es so wichtig, dass Sie sich in unserem »Vertrag zur finanziellen Unabhängigkeit« dazu verpflichten, finanziell unabhängig, reich & frei zu sein. Damit legen Sie den Maßstab ein gutes Stück höher, als wenn Sie lediglich sagen: »Ich will mehr Geld«.

> **An diese Bilder denke ich, wenn ich mir finanzielle Unabhängigkeit, Reichtum & Freiheit vorstelle:**

Je nach Ihrer persönlichen Situation nennen Sie nun Ihre klar, genau und unmissverständlich formulierten Zieleinheiten, die Sie auch tatsächlich umsetzen beziehungsweise erreichen können. Machen Sie niemals Ziele anderer Menschen zu Ihren Zielen. Wenn Sie im Monat (vergleichen Sie hierzu die Zehnprozentregel, Seite 26) 200 Mark sparen können, bringt es nichts, wenn Sie sich das Ziel setzen, ab sofort 1000 Mark zu sparen. Durch solche unrealistischen Ziele demotivieren Sie sich. Besser ist: Setzen Sie sich spezifische, messbare Ziele. Dann tun Sie alles, um diese Ziele tatsächlich zu erreichen. Vergessen Sie nicht, Ihre Erfolge zu feiern und das Gefühl der Befriedigung zu verinnerlichen. Jedes erreichte Teilziel bringt Sie Ihrem großen Ziel, finanziell unabhängig, reich & frei zu sein, ein erhebliches Stück näher. Je konkreter, je realistischer und fassbarer Ihre Geldzieleinheiten sind, desto entschlossener werden Sie im Laufe der Zeit Ihr persönliches Endziel erreichen.

4.

Welche »Wenn...dann...Fallen« Reichtum verhindern

In meinen Seminaren bestätigen mir zahlreiche Teilnehmer immer wieder die im Folgenden beschriebenen »Wenn...dann... Fallen«. Bei diesen Fallen handelt es sich um die beiden häufigsten Argumente, mit denen zahlreiche Menschen begründen, wieso sie nicht sparen können.

1.
WENN ich erst einmal alle meine Rechnungen bezahlt habe, **DANN** fange ich an zu sparen.

2.
WENN ich mindestens 300 oder 400 pro Monat sparen kann, **DANN** fange ich an zu sparen. Zuvor macht es ja keinen Sinn.

Gewinner und Erfolgssparer denken anders. Gewinner sagen:

Erst bezahle ich mich, dann die anderen.

Ich spare auch dann, wenn es sich nur um kleine Beträge handelt.

Die folgende Geschichte soll Ihnen zeigen, wie Sie auch mit kleinen Beträgen ein Vermögen aufbauen können. Wichtig: Diese Geschichte ist nur dann für Sie geeignet, wenn Sie bislang behauptet haben, dass Sie wirklich nichts sparen konnten und daher auch keine Chance auf Reichtum haben. Wenn für Sie Sparen bereits eine angenehme Gewohnheit ist, Sie jedoch Freunde oder Verwandte haben, die immer wieder behaupten, sie könnten wirklich nichts sparen, zeigen Sie diesen Freunden oder Verwandten das folgende Beispiel:

Vor kurzem rief mich Susanna, eine ehemalige Studienkollegin an. Sie ist 28 Jahre jung und lebt heute in New York. Nach ihrem Betriebswirtschaftsstudium bereitet sie zur Zeit ihren zweiten Abschluss in Psychologie vor. Susanna klagte mir ihr finanzielles Leid. Immer wiederholte sie auf alle meine Einwände:

Ich kann wirklich nichts sparen!

Nach einiger Diskussion entwickelte sich folgender Dialog:

Ich:»Könntest du dir vorstellen, trotz deiner angespannten Situation fünf Jahre lang 25 Dollar im Monat zu sparen?«

Susanna:»Ja.«

Ich:»Kannst du dir vorstellen, anschließend fünf weitere Jahre 125 Dollar monatlich zu sparen?«

Susanna:»Ja.«

Ich:»Kannst du dir vorstellen, anschließend 17 weitere Jahre 150 Dollar monatlich zu sparen?«

Susanna:»Ja.«

Nachdem Susanna dreimal ohne zu zögern JA gesagt hatte, rechnete ich ihr vor, wie groß ihr Vermögen eines Tages sein würde: Das Ergebnis:

Bei 10 Prozent Rendite   150 000 Dollar

Bei 12 Prozent Rendite   200 000 Dollar

Bei 14 Prozent Rendite   300 000 Dollar

Susanna konnte es kaum glauben, dass Sie eines Tages über ein solches Vermögen verfügen könnte und dass ihr erster Schritt zu

Reichtum tatsächlich der war, ab sofort 25 Dollar im Monat zu sparen.

Merke: Bezahlen Sie zuerst sich selbst, und beginnen Sie auch mit kleinen Beträgen zu sparen. Das Prinzip Gewinnen lautet: Tue es!

5.

Übernehmen Sie VerANTWORTung für Ihr Geld

Kein Buch wird Ihnen Reichtum oder finanzielle Freiheit bringen, wenn Sie nicht – nach dem Festlegen klarer Geldziele – Verantwortung für Ihr Geld übernehmen und entsprechend handeln. Im Folgenden nenne ich Ihnen einige Beispiele für Bemerkungen unserer zahlreichen Seminarteilnehmer. Ob in Deutschland, der Schweiz oder in Österreich, ein Teil der Bemerkungen bleibt immer gleich. Und vielleicht – Hand aufs Herz – erkennen Sie sich selbst wieder:

»...ich kann nicht sparen, weil mein Auto kaputt ist.«

»...ja, ja, ich weiß. Schon vor einem halben Jahr habe ich daran gedacht... blablabla.«

»...ich habe gerade eine kapitalbildende Lebensversicherung abgeschlossen, jetzt ist wirklich kein Geld mehr da.«

»...du hast ja Recht, aber weißt du, wir wollen in zwei Jahren bauen...«

Denken Sie daran: Sie können nicht reich sein/werden, wenn Sie einfach nichts, einfach gar nichts dafür tun und immer, wenn Sie sich mit Ihrem Geld beschäftigen müssen, neue Ausreden vorschieben. Dann nämlich sind Ihre Reichtumsgedanken Luftschlösser. Dann wollen Sie eigentlich gar nichts an Ihrer Geldsituation ändern. Das Problem an Luftschlössern ist nur: Die bekommen durch Ihr ständiges Zögern immer mehr Risse. Ihre Träume bleiben Träume. Der bekannte Erfolgstrainer Lejeune schreibt dazu: »Luftschlösser kann man auch nicht reparieren.« Auf »Geld-Luftschlösser« angewandt, bedeutet das: Wenn Sie Ihren Reichtum immer nur als Luftschloss planen, aber nie etwas dafür tun, dass Ihr Geld optimal für Sie arbeitet, dann werden Sie eines Tages zu spät feststellen, dass keiner Ihrer Geldträume wahr geworden ist. Dann werden Ihre »Geld-Luftschlösser« große Risse bekommen, aber Sie haben keine Chance mehr, diese Risse zu reparieren. Und noch etwas ist den Menschen, die oben genannte Ausreden bringen, gemein: Es handelt sich um Menschen, die die einfachste Möglichkeit benutzen, sich dauerhaft arm und unglücklich zu fühlen. Sie schieben nämlich die Verantwortung für ihr Geld weit, weit, weit weg.

Ein weiterer Fehler und auch ein Wegschieben von Geldver-ANTWORTung ist das ständige Vergleichen mit anderen Menschen:

»...hätte ich monatlich so viel Geld wie mein Freund XX, würde ich auch sparen können.«

»...der hat's ja einfach, der hat bereits vor zehn Jahren angefangen zu sparen.«

Mit dieser Einstellung werden Sie alles erreichen, jedoch nie reich werden. Gleich, wie Sie heute dastehen, morgen wird es noch schlechter sein, und übermorgen werden Sie noch mehr Menschen kennen, mit denen Sie im Vergleich noch mieser abschneiden.

Merke: Gewinner übernehmen VerANTWORTung für ihr Geld. Das bedeutet: Gewinner wissen, wie sie ihr Geld optimal anlegen, und können Antworten darauf geben, wieso sie mit ihrem Geld so und nicht anders umgehen.

6.

Was »Reichtum« und »Reichsein« wirklich bedeuten

Einkommen ist, was reinkommt.
K. Walter, amerikanischer Erfolgspsychologe

Bevor wir auf weitere Gewinnergesetze und Erfolgsregeln dieses Buches eingehen, geht es um die Frage, wann Sie eigentlich reich sind. Was meinen Sie? Was ist Ihre Meinung?

... ich bin reich, wenn ich 10 Millionen besitze.

... ich bin reich, wenn ich mindestens fünf Häuser mein Eigentum nenne.

... ich bin reich, wenn ich 50 000 Mark auf dem Konto habe.

Sie merken: Die Definitionen von Reichtum sind offensichtlich sehr unterschiedlich. Dabei ist Reichtum oder Reichsein eine ganze einfache Sache:

REICHTUM
=
Ihre **EINNAHMEN** müssen größer sein als Ihre
AUSGABEN

Das ist alles! Kein Erfolgsprogramm, auch nicht das in diesem Buch beschriebene, kann Ihnen helfen, reich zu werden, wenn Ihre Ausgaben auf Dauer höher sind als Ihre Einnahmen. Das bedeutet: Führen Sie ein Haushaltsbuch, und erarbeiten Sie sich einen Überblick über Ihre privaten Finanzen. Was Sie hier im Einzelnen alles tun können, beschreibe ich regelmäßig in meinem monatlich erscheinenden Finanzcoaching-Brief (Infos hierzu unter www.coaching-briefe.de oder 089/7104-6660).

Tipp: Ein Haushaltsbuch erhalten Sie günstig in jedem Schreibwarengeschäft. Darüber hinaus bieten auch manche Kreditinstitute entsprechende Publikationen an.

7.

Die Zehnprozentregel: Bezahlen Sie sich selbst zuerst

In meinem Buch »Systematisch REICH!« habe ich diese Zehnprozentregel bereits beschrieben. Sie lautet: Spare von deinem Einkommen jeden Monat mindestens zehn Prozent, und bezahle dich damit zuerst!

Diese Regel ist keine »Erfindung« von mir, sondern eine von anderen erfolgreichen Autoren übernommene und mit eigenen Berechnungen versehene Erfolgsregel. Einer der ersten Erfolgsautoren, der diese Regel beschrieb und von dem fast alle anderen Geldautoren diese übernommen haben, war Napoleon Hill in seinem Buch »Gesetze des Erfolges«. Dieses Buch, erschienen im Rentrop-Verlag, müssen Sie unbedingt lesen. Hills Buch ist sozusagen die unverfälschte Erfolgsbibel auf dem Weg zu Reichtum & Erfolg. Diese Zehnprozentregel ist eine der wichtigsten auf dem Weg zu Reichtum, auf dem Weg zu Ihrem persönlichen Erfolgsprogramm. Es geht darum, wie Sie sich selbst zuerst bezahlen, beziehungsweise, dass Sie sich selbst zuerst bezahlen müssen. Sie kennen den Ausspruch:

**Am Ende des Geldes ist immer
noch so viel Monat übrig.**

Die Folge dieses betrüblichen Zustandes ist: Zum Sparen ist nichts mehr da. Ist ja auch (auf den ersten Blick) logisch: Miete, Auto und all die anderen regelmäßigen Kosten lassen keinen Spielraum zu. Doch haben Sie schon einmal versucht, mit 90 Prozent Ihres Nettogehaltes auszukommen. Bis auf wenige Ausnahmen bestätigen mir Seminarteilnehmer immer wieder, dass es problemlos möglich ist, mit 90 Prozent auszukommen? Es ist lediglich eine Frage der Gewohnheit.

Insbesondere für alle Menschen, die noch Single sind, die noch keine Familie zu ernähren oder für die Ausbildung der Kinder sparen müssen, lohnt es sich, aus der Zehnprozentregel sogar eine 15-Prozent- oder gar 20-Prozent-Regel zu machen.

Alle Unverbesserlichen, die immer wieder von neuem behaupten, sie könnten nicht sparen, sie hätten kein Geld, bitte ich nun, den folgenden Kasten auszufüllen:

Diese Beträge gebe ich jede Woche »unbewusst« aus:

Diesen Betrag kann ich jede Woche mühelos sparen:

BITTE UNBEDINGT UND EHRLICH AUSFÜLLEN!!

Sie werden – wenn Sie sich ausreichend Zeit lassen – feststellen, dass Sie jede Woche teils hohe Beträge »unbewusst« ausgeben. Kino, Essen gehen usw. Zunächst sind es nur kleine Beträge. Im Laufe eines Monats kommt jedoch nicht selten ein stolzer Betrag zusammen. Natürlich sollen Sie jetzt nicht alle Lebensqualität streichen und sich jeden Genuss versagen. Diese kleine Übung sollte Ihnen nur zeigen, dass Sie Kapital zum Sparen haben.

8.

Die Dreimonats-Erfolgsregel oder:
Probezeit für künftige Gewinnsparer

Wenn Sie zu den hartnäckigen Fällen gehören, die weiter behaupten, dass sie unmöglich zehn Prozent ihres Einkommens monatlich sparen könnten, habe ich eine Bitte: Tun Sie es drei Monate lang. Sehen Sie diese Übung als Probezeit, ob Sie wirklich kein künftiger Gewinnsparer sein können oder vielleicht doch. Richten Sie einfach ein zweites Girokonto ein (in jedem Fall bei einer zweiten Bank!!!), und lassen Sie ab sofort jeden Monat bei Gehaltseingang zehn Prozent auf das zweite, neue Girokonto umbuchen. Am zweiten Tag nach der Umbuchung lassen Sie sich Ihren Kontoauszug drucken oder rufen ihn online ab. Erschrecken Sie nicht, wenn Sie ohnehin wenig Geld haben, dass es jetzt noch weniger ist. Tun Sie einfach so, als müssten Sie trotzdem klarkommen. Sie werden feststellen: Es funktioniert! Im ersten Monat tut es noch weh, im zweiten Monat haben Sie sich daran gewöhnt, und im dritten Monat ist es schon Gewohnheit, dass bei Eingang Ihres Gehaltes zehn Prozent abgebucht werden. Versuchen Sie in diesen ersten drei Monaten ihr zweites Girokonto zu vergessen oder so zu behandeln, als würde Ihnen jemand bei Gehaltszahlung eine Rechnung über zehn Prozent stellen. Die Erfahrung und unzählige Gespräche mit Seminarteilnehmern zeigen: Neun von zehn Personen, die zuvor der Meinung waren, sie kämen mit 90 Prozent ihres Einkommens nicht aus, gelingt es plötzlich problemlos. Und wenn Sie die Person sind, der auch nach diesem Dreimonatstest genau die zehn Prozent fehlen, um über die Runden zu kommen, haben Sie nichts verloren. Dann lösen Sie das zweite Girokonto wieder auf und überweisen sich den angesparten Betrag. Ich verspreche Ihnen aber, Sie werden weiter sparen. Für die meisten ist es nämlich ein unglaubliches Gefühl, zum ersten Mal seit langer Zeit a) problemlos, ohne persönliches Leiden mit weniger Geld ausgekommen zu sein und b) gleichzeitig auf einem zweiten Privatkonto ein kleines oder größeres Guthaben angespart zu haben. Ich verspreche Ihnen auch: Wenn Sie bislang Schwierigkeiten hatten zu sparen und nun nach dieser Dreimonats-Erfolgsregel handeln, werden Sie regelrecht Spaß am Sparen bekommen. Wichtig ist: Sie müssen Ihre zehn Prozent auf ein Konto bei einer anderen!! Bank umbuchen lassen. Wenn Sie das tun, wird es Ihnen leichter fallen, im Laufe des Monats alle Rechnungen zu bezahlen und Ihre Finanzen im Griff zu haben, weil Sie sich bereits selbst bezahlt haben und weil Sie jeden Tag das Gefühl begleitet, dass irgendwo bei einer zweiten Bank Ihr wachsendes Guthaben liegt. Und wenn Sie diese Dreimonats-Erfolgsregel angewandt haben, müssen Sie nur noch eines tun: sich auch künftig selbst als Ersten bezahlen und ab dann Ihr Geld, Ihre eigene Bezahlung, in erfolgreiche Aktienfonds anlegen.

**Notizen, Anmerkungen für meine
persönliche Finanzplanung**

GEWINNER INVESTIEREN IN AKTIENFONDS

1.

Aufbau und Funktion eines Investmentfonds

Im Folgenden ist für alle Einsteiger – mit bestem Dank an Anke Dembowski und angelehnt an ihr empfehlenswertes »Profi-Handbuch Investmentfonds« (vgl. Buchempfehlungen) – in einer kleinen Skizze dargestellt, wie die Geldanlage über Investmentfonds funktioniert. Wenn Sie bereits Fondserfahrungen gesammelt haben und das Prinzip der Investmentfondsidee kennen, überblättern Sie dieses Kapitel. Für alle anderen ist es wichtig, um in diesem Buch genannte Erklärungen und Begriffe richtig zuordnen zu können. Bei der folgenden Skizze handelt es sich um die typische Struktur eines in Deutschland zugelassenen Investmentfonds:

Der Vollständigkeit halber möchte ich an dieser Stelle mit wenigen Worten die drei Hauptgruppen von Fondstypen nennen. In diesem Buch geht es hauptsächlich darum, wie Sie mit der Geldanlage in Aktienfonds reich werden. Wer Reichtum zum Ziel hat, für den ist die Geldanlage in Aktienfonds ein Muss. Neben Aktienfonds sind jedoch auch Rentenfonds und so genannte Immobilienfonds Renner. Im Folgenden sehen Sie eine Übersicht zu diesen drei wesentlichen Fondstypen.

AKTIENFONDS

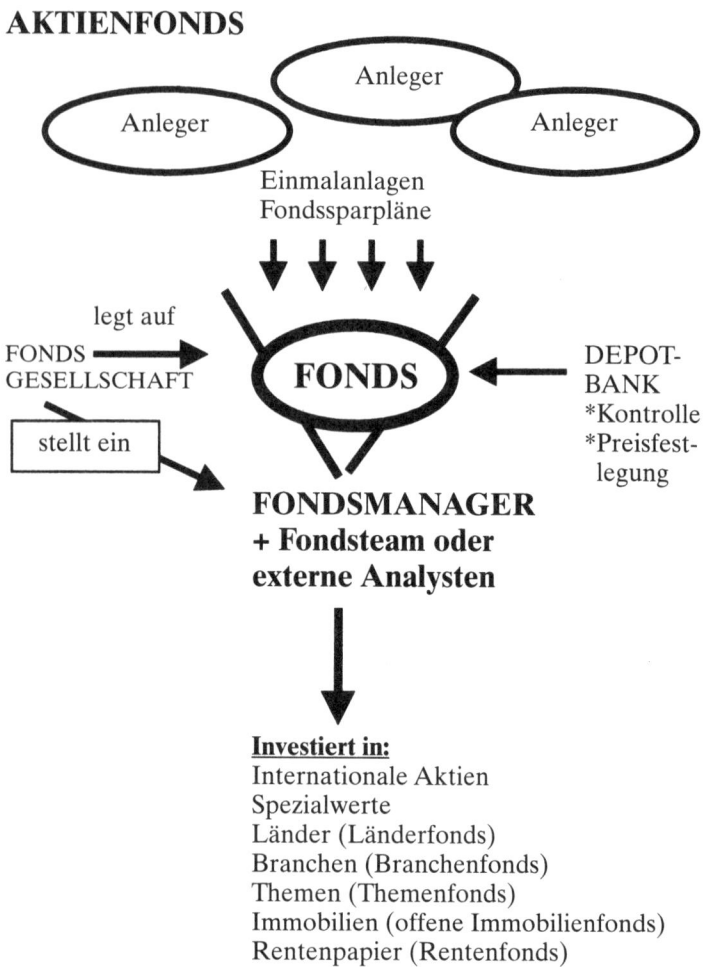

Anleger

Anleger

Anleger

Einmalanlagen
Fondssparpläne

legt auf

FONDS
GESELLSCHAFT

FONDS

DEPOT-
BANK
*Kontrolle
*Preisfest-
legung

stellt ein

**FONDSMANAGER
+ Fondsteam oder
externe Analysten**

Investiert in:
Internationale Aktien
Spezialwerte
Länder (Länderfonds)
Branchen (Branchenfonds)
Themen (Themenfonds)
Immobilien (offene Immobilienfonds)
Rentenpapier (Rentenfonds)
usw.

Drei Hauptgruppen von Fondstypen

Fondstyp	Vermögens-chance	Rendite-schwankung	Anlagedauer	Anlageziel & Alternativen
Aktienfonds	Hoch	Hoch	Langfristig	Reichtum Geldanlage in Aktien
Rentenfonds	Mittel	Mittel	Kurzfristig Langfristig	Sicherheit Festverz. Wertpapiere Sparbriefe
Offene Immobilien-fonds	Gering	Gering	Kurzfristig Alternativen: Rentenfonds	Sicherheit
© www.FINANZ-INSTITUT-Kloeckner.de				

2.

Warum Gewinner in Aktienfonds als Sachwertanlage investieren

Geld ist nichts weiter als in Papier gedrucktes Vertrauen.
K. Walter, amerikanischer Erfolgspsychologe

Die Geldanlage in Aktienfonds hat noch einen weiteren Vorteil. Aktien und damit Aktienfonds zählen – neben Immobilien – zu den so genannten Substanz- oder Sachwerten. Wer sein Geld für sich arbeiten lassen will, hat grundsätzlich zwei Möglichkeiten: Er kann es in solche Sachwerte oder Substanzwerte wie Aktien, Aktienfonds (auch Immobilien) investieren oder in Geldwerte. Der Unterschied: Sachwerte sind Vermögenswerte, die in der Regel im Falle steigender Preise (Inflation) im Wert steigen. Geldwerte sind Vermögenswerte, die im Falle steigender Preise an Wert verlieren. Ein Beispiel: Wenn Sie vor 50 Jahren einen Tausendmarkschein besessen hätten, wäre dieser Tausendmarkschein damals vergleichsweise viel wert gewesen. Damals war, wie es so oft heißt, alles noch viel billiger. Zum Vergleich ein weiteres Beispiel: Was hätten Sie 1999 an Weihnachten für ein sechsgängiges Weihnachtsmenü in einem guten Restaurant bezahlt?

_____**Mark**

(Bitte ausfüllen, dann weiterlesen!!)

Wenn Sie den Betrag geschätzt haben, lesen Sie nun bitte weiter. Im Restaurant »Zur alten Waffenschmiede« kostete dieses sechsgängige Weihnachtsmenü 1969 gerade mal 6,20 Mark. Die meisten von Ihnen werden einen Betrag zwischen 50 und 100 Mark für das Jahr 1999 geschätzt haben. Betrachten wir einmal die zu Grunde liegende »Inflation« dieses Weihnachtsessen:

1969	1999	Inflation pro Jahr
6,20 Mark	50,00 Mark	7,21 %
6,20 Mark	75,00 Mark	8,66 %
6,20 Mark	100,00 Mark	9,71 %

Wer noch immer nicht glaubt, dass Geld im Laufe der Jahre und Jahrzehnte weniger wert wird, sollte sich einmal die Prägung auf einem alten US-Dollar ansehen. Früher stand darauf:

»Gegenwert in Gold auszahlbar«

Das bedeutet: Hätten Sie damals Ihre Dollars eingetauscht, hätten Sie den Gegenwert in Gold ausbezahlt bekommen. Ein gutes und sicheres Geschäft, der auf dem Geld gedruckte Wert war Ihnen als Gegenwert beim Eintausch gewiss. Betrachten Sie heute einmal einen US-Dollar und lesen die Randprägung: Heute steht darauf:

»Wir vertrauen auf Gott«

bei Rückzahlung des Gegenwertes der Münze. Die langfristige Inflation in Deutschland über 30 Jahre liegt bei rund drei Prozent. Wenn Sie reich werden wollen, müssen Sie diese Inflation rechtzeitig in Ihrer privaten Vermögensplanung berücksichtigen und Geldanlagen für Gewinner, beispielsweise Aktienfonds, wählen. Stellt sich dann heraus, dass die Inflation künftig niedriger sein wird als erwartet, haben Sie trotzdem mit der Wahl renditestarker Geldanlagen die bessere Entscheidung getroffen. Die folgende Grafik verdeutlicht, wie der Wert von 100 Mark im Laufe der Jahre bei einer Inflation von drei Prozent sinkt. Im Laufe der Jahre können Sie für Ihre 100 Mark immer weniger kaufen:

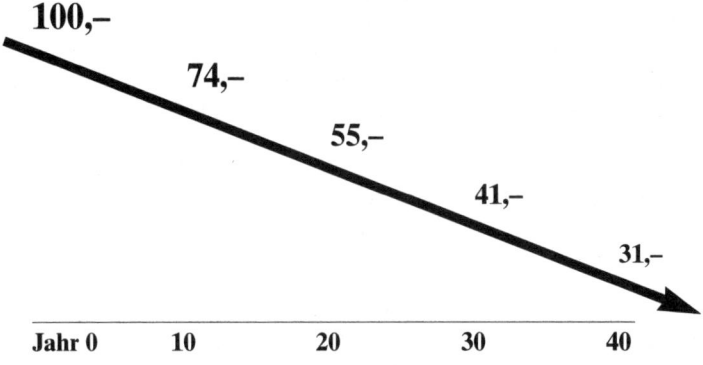

Fazit: Geld ist und bleibt nichts anderes als in Papier gedrucktes Vertrauen. Für viele von uns ist das Gespenst höherer Inflation ein Ereignis aus der Vergangenheit. Für diejenigen, die sich an keine höhere Inflation mehr erinnern oder selbst noch keine miterlebt haben, an dieser Stelle ein Zitat aus dem Buch »50 Jahre Deutsche Mark« (erschienen im Gietl Verlag):

»Es lässt sich nicht schildern, was an den Schaltern vorging. Man kann es nicht schildern, welche Enttäuschung auf den Gesichtern der alten Sparer sich abzeichnet, wenn der Schalterbeamte die Mitteilung machen muss, dass von dem Spargeld nichts oder nur noch wenige Mark übrig geblieben sind.«

So die Schilderung der Eindrücke der Sparkasse Wetzlar anlässlich der Währungsreform. Weiter:

»Wie oft müssen wir sehen, dass die Sparer die Tatsache des Verbrauchtseins ihrer Sparguthaben einfach nicht begreifen können. Wie oft kommt es vor, dass sie nochmals an einen anderen Schalter gehen und dort erneut fragen oder auch erst still in einem ruhigen Winkel des Kassenraums in ihr Sparbuch sehen, mit dem Kopf schütteln und es nicht fassen können, dass all das so mühsam ersparte Geld nicht mehr da sein soll.«

Merke: Gewinner setzen langfristig auf Sachwerte. Unabhängig ob die Inflation künftig hoch oder niedrig ist, Sachwerte erhalten den Wert. Der Vorteil beim Sach-/Substanzwert Aktionfonds im Vergleich zur Sachwertanlage Immobilie ist: Sie verbinden die Sachwertanlage mit hohen Renditechancen und grundsätzlich jederzeitiger Verfügbarkeit. Bei der Geldanlage in offene Immobilienfonds ist Ihr Geld zwar auch in Sachwerte investiert und jederzeit verfügbar, doch die Rendite ist im Vergleich zu den Chancen mit Aktienfonds mager. In den Jahren zwischen 1995 und 2000 erzielten offene Immobilienfonds lediglich Renditen zwischen drei und sechs Prozent jährlich. Und bei der Geldanlage in einzelne Immobilien ist Ihr Geld zunächst gebunden. Aktienfonds bieten also unter den Sach-/Substanzwerten eine unschlagbare und einzigartige Kombination für Gewinner und für Ihren Weg zu Reichtum.

**Notizen, Anmerkungen für meine
persönliche Finanzplanung**

3.

Wie Sie mit Aktienfonds Ihr Anlagerisiko streuen

Der Vorteil des Aktienfonds ist wie bereits erwähnt die Risikostreuung. Am besten lässt sich das wie folgt darstellen. Leser meines Buches »Systematisch reich!« kennen dieses Bild bereits:

Anleger A

Kauf von vier Aktien
je 500 Mark

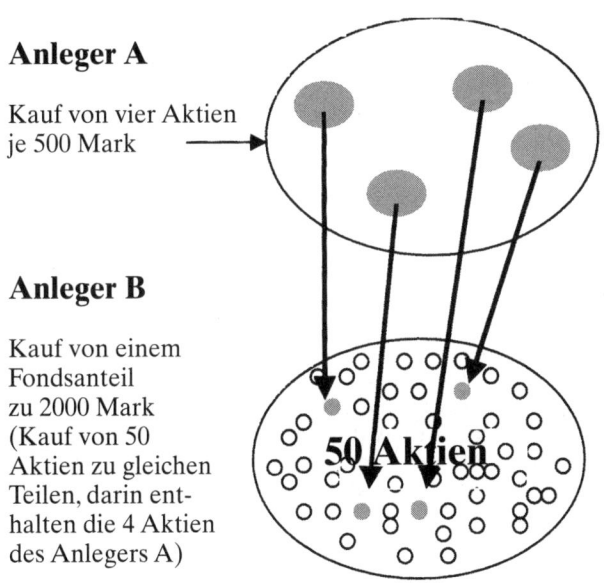

Anleger B

Kauf von einem
Fondsanteil
zu 2000 Mark
(Kauf von 50
Aktien zu gleichen
Teilen, darin ent-
halten die 4 Aktien
des Anlegers A)

Nun passiert Folgendes: Von den vier Aktien erweisen sich zwei
als Verlierer, die Kurse dieser beiden Aktien fallen um 50 Prozent
von 500 Mark (Kaufkurs) auf 250 Mark. Die beiden anderen Aktien bleiben im Kurs stabil. **Anleger A** besitzt nun ein **Vermögen**
von

37

$$500 + 500 + 250 + 250 = \textbf{1500 Mark}.$$
Kursverlust 500 Mark oder immerhin **25 Prozent**.

Anleger B dagegen kann sich beruhigt zurücklehnen. Die beiden Aktien, die im Kurs von 500 Mark auf 250 Mark gefallen sind, machen sich im gesamten Fondsvermögen kaum bemerkbar. Schließlich hat Anleger B nur zu einem Fünfzigstel jeweils eine der beiden Aktien gekauft. Das bedeutet, von 2000 Mark Fondsanteil entfielen jeweils 40 Mark auf die beiden Verliereraktien. Das Vermögen von Anleger B ist daher kaum gefallen. Es beträgt

$$1920 \text{ Mark} + 20 + 20, \text{ also } \textbf{1960 Mark}.$$
Kursverlust 40 Mark oder lediglich **2 Prozent**.

Bequemer geht es nicht. Mit der Geldanlage in Aktienfonds setzen Sie auf große Gewinnchancen bei breit gestreutem Risiko. Dabei gilt: Manche Aktienfondstypen, die sich auf einzelne Länder, Regionen oder andere Anlageschwerpunkte konzentrieren, verringern zwar das Risiko der falschen Einzelauswahl, behalten jedoch das Risiko des jeweiligen Anlageschwerpunktes. Das bedeutet: Wenn Sie beispielsweise in einen Neuen-Markt-Fonds investieren, dann streuen Sie Ihr Geld auf viele verschiedene Neue-Markt-Werte. Das Gesamtrisiko für alle Neue-Markt-Werte ist jedoch höher als bei großen Standardwerten. Für Einsteiger gilt daher: Setzen Sie zunächst auf international anlegende Aktienfonds ohne besondere Anlageschwerpunkte. Hier können die Fondsmanager jederzeit sehr flexibel auf alle Entwicklungen an den Börsenmärkten reagieren. Mit der Auswahl solcher international anlegender Fonds als Grundstock Ihres Vermögens reduzieren Sie das Risiko der falschen Einzelauswahl und gleichzeitig das Risiko, in einen falschen Anlageschwerpunkt zu investieren.

4.

Warum Sie Aktienfonds statt Aktien kaufen sollten

Die Geldanlage in einzelne Aktien kann viel versprechender sein als die Anlage in Aktienfonds. Schließlich sind in einem Fonds viele Wertpapiere enthalten. Darunter manche Gewinner, aber eben auch manche Verlierer. Wenn Sie also ausreichend Geld und Zeit haben, um das Risiko zu streuen, und über genügend Kenntnisse zu einzelnen Aktien verfügen, investieren Sie ruhig einen (großen) Teil Ihres Vermögens in Einzelaktien. In »Gewinnen mit Aktien – Chancen für Einsteiger« habe ich für Neueinsteiger die wichtigsten Erfolgsregeln genannt. Das Problem beim direkten Aktienkauf ist oft: Das Kapital ist zu gering, als dass das Risiko ausreichend gestreut werden kann. Damit steigt die Gefahr, dass Sie mit einer oder einigen Aktien einen Flop landen. Möglicherweise müssen Sie dann Jahre warten, bis Sie wieder den Börsenkurs erreichen, den Sie selbst bezahlt haben. Die folgende Tabelle zeigt, wie groß Ihre Gewinne nach einem Verlust sein müssen, damit Sie insgesamt plus minus Null wieder aussteigen:

Verlust in Prozent	Notwendiger Gewinn in Prozent, um den Verlust auszugleichen
10	11
20	25
30	43
40	67
50	100
60	150
70	233
80	400
90	900

In Worten: Wenn Sie 10 000 Euro investieren und bei einem an-
schließenden Kursrutsch 70 Prozent verlieren, besitzen Sie noch
3000 Euro. Sie müssen also, um Ihren Verlust wieder wettzuma-
chen, 233 Prozent Gewinn erzielen. Und das müssen Sie erst einmal schaffen!

Dass Kursverluste durchaus in Größenordnungen von 70 Prozent und mehr liegen können, zeigt besonders die Entwicklung
am Neuen Markt zum Beispiel im Jahr 1999. In meinem im Spar-
kassenverlag erschienenen Buch »Der Neue Markt« finden Sie
folgende Zahlen:

Neuemissionen 1999 – Kursverlierer
(bezogen auf den Ausgabepreis)

		Notwendiger Gewinn zum Ausgleich
1. Artnet.com	– 77 Prozent	334 Prozent
2. Netlife	– 65 Prozent	185 Prozent
3. P&I Personal&Inform.	– 60 Prozent	150 Prozent

Es gilt also: Investmentfonds sind tatsächlich »Autopiloten« für
Ihre finanzielle Freiheit und Unabhängigkeit. Bei Aktienfonds
wirkt das Prinzip der Risikostreuung ganz besonders.

Merke: Wer die Nerven, die Geduld, das Know-how
und das nötige Geld hat, in einzelne Aktien zu investieren, sollte
mit einem Teil seines Vermögens und abhängig vom persönlichen
Risikoprofil in Aktien investieren. Für alle anderen sind Investmentfonds, speziell Aktienfonds, die erste Wahl.

5.

Wie Topmanager für Ihren Reichtum und finanziellen Erfolg arbeiten

Jeder Investmentfonds, also auch jeder Aktienfonds, wird von einem Fondsmanager und einem Fondsmanagementteam betreut. Die Aufgabe des Fondsmanagers und seines Teams ist es, ein möglichst gutes Ergebnis bei bestmöglicher Risikostreuung in einer Anlagegattung (beispielsweise internationale Aktien) zu erzielen. Und die Fondsmanager, zumindest die wirklich guten, arbeiten hart für ihren Erfolg. Sie verdienen sicherlich eine Menge Geld, aber die meisten arbeiten auch 12 bis 18 Stunden am Tag und nicht selten auch samstags und sonntags. Die Aktienauswahl erfolgt bei gut gemanagten Fonds derart aufwendig, dass Sie selbst bei großem Zeitaufwand als Privatanleger niemals mithalten könnten. Nehmen wir als Beispiel das Management des *Baring European Growth*, einem der erfolgreichsten Investmentfonds mit Schwerpunkt auf Wachstumsunternehmen der Telekommunikations-, Software- und Pharmaindustrie (im Jahr 2000). Investiert wird nach einem strengen Reglement: Rund 1000 Aktien werden auf Herz und Nieren, also auf Zukunftsaussichten und Substanz gecheckt. Gewinnerwartung, Börsenwert, Unternehmensgröße, Erfüllung bisheriger Gewinnprognosen und die charttechnische Analyse sorgen für eine Rangliste der 25 Prozent potentiellen, in Frage kommenden Aktien. Anschließend wird die Managementqualität der einzelnen Unternehmen unter die Lupe genommen. Aus dieser Vorprüfung werden einmal im Monat dem Teamchef, Fondsmanager Mark Pignatelli, die acht Favoriten präsentiert, und anschließend wird entsprechend Pignatellis Entscheidungen gekauft. Oder nehmen wir Mark Mobius. In der Branche wird er auch »Indiana Jones« genannt. Er verwaltet im Jahr 2000 rund 13 Milliarden US-Dollar, die sich auf 48 Emerging-Markets verteilen. Das Flaggschiff seiner Emerging-Market-Fondspalette: der *Templeton Global Emerging Market*. Regelmäßig werden über 2000 Firmen nach über 200 Kennziffern gecheckt. An über 200 Tagen ist

Mobius zudem in den aufstrebenden Ländern dieser Erde unterwegs. In Lateinamerika, Ost- und Mitteleuropa oder anderen Wachstumsländern: Mobius ist stets hautnah am Geschehen.

6.

Warum Sie sich mit festverzinslichen Wertpapieren arm sparen

Festverzinsliche Wertpapiere heißen auch auf Amerikanisch Bond, weil die Chancen auf Reichtum damit so gering sind wie die Chancen der Schurken gegen James Bond 007.
K. Walter, amerikanischer Erfolgspsychologe

Aktienfonds und die Kurse der Anteilswerte von Fonds steigen oder fallen, wenn Aktien steigen oder fallen. Wichtig ist also: Wie sieht es langfristig am Aktienmarkt aus, wo liegen die Chancen und Risiken?

Unter Federführung von Professor Richard Stehle kam ein Team der Humboldt-Universität Berlin in einer Studie zu eindeutigen, für die Geldanlage in Aktien sprechenden Ergebnissen. Ich bitte Sie auch dann, wenn Sie Zahlen in Büchern bislang immer langweilten, die folgenden Grafiken und den jeweiligen Text aufmerksam zu lesen.

Nur wenn Sie diese Grundlagen rund um die richtige Geldanlage kennen, können Sie die richtigen Geldentscheidungen auf Ihrem Weg zu Reichtum treffen.

Untersucht wurde der Zeitraum 1948 bis 1997. In diesen Jahren nahm das Team um Professor Stehle alle 25-Jahreszeiträume unter die Lupe. Damit waren auch Jahre dabei wie 1987, in denen es wegen Börsencrashs richtig schlecht aussah. Das Ergebnis:

Rendite in Prozent pro Jahr, Steuersatz 36 Prozent

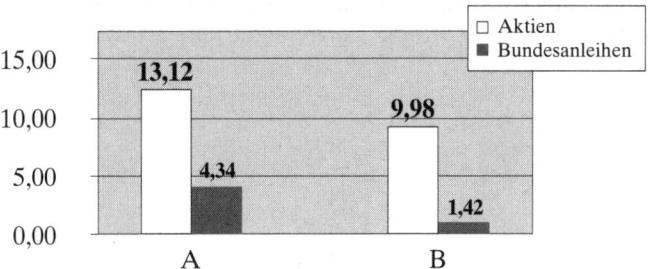

A = nach Steuern, B = nach Steuern und Inflation

Bei einem durchschnittlichen Steuersatz (für den Fall, dass Sie überhaupt auf Geldanlagen Steuern zahlen müssen) lag die Rendite nach Steuern für Aktienanleger rund dreimal so hoch wie für vermeintlich auf Nummer sicher sparende Anleger, die in festverzinsliche Wertpapiere, hier: Bundesanleihen, investierten.

Selbst dann, oder gerade dann, wenn Sie zu den hoch besteuerten Geldanlegern gehören, sind die Zahlen von Professor Stehle und seinem Team wichtig:

Rendite in Prozent pro Jahr, Höchststeuersatz

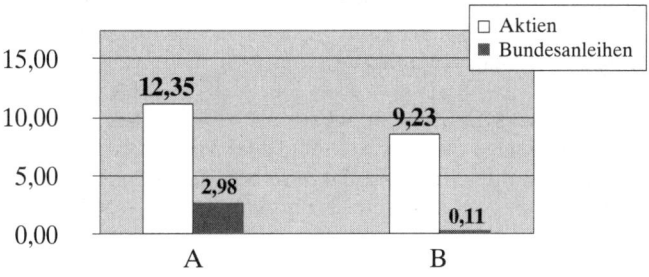

A = nach Steuern, B = nach Steuern und Inflation

Wer also getreu dem Motto »Lieber auf Nummer sicher« auf Bundesanleihen setzte, der konnte sich beim Höchststeuersatz nach Steuern & Inflation über magere 0,11 Prozent Rendite pro Jahr freuen. Aus 100 000 Mark wären dann in 25 Jahren »stolze« 103 000 Mark geworden. Ein Gewinn von 3000 Mark in 25 Jahren oder zehn Mark im Monat. Und selbst die 1,42 Prozent Rendite für all diejenigen, die eine mittlere Steuerbelastung zu tragen haben, sind mager. Das Ergebnis in diesem Fall: Aus 100 000 Mark wären rund 140 000 Mark geworden. Lässt man Steuer und Inflation einmal außen vor, dann sieht es wie folgt aus:

**Rendite in Prozent pro Jahr
(vor Steuern und Inflation)**

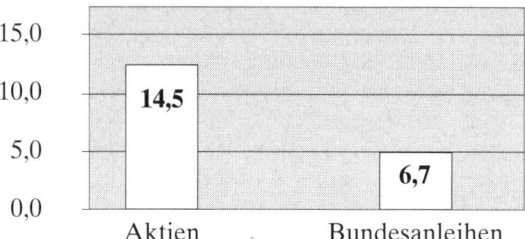

Merke: Wenn Sie also Ihr Geld wirklich ernst nehmen, investieren Sie es in dem für Sie und entsprechend Ihrer individuellen Lebenssituation passendem Maße in Aktienfonds. Damit sichern Sie sich Ihren Anteil am weltweiten Wachstum. Sie haben bei einer Einmalanlage von 100 000 Mark die Wahl zwischen möglichen drei Millionen (bei einer Rendite der Aktienanlage in der Vergangenheit von 14,5 Prozent pro Jahr vor Steuern und Inflation) oder mageren 500 000 Mark. Selbst wenn es an der Börse nicht so gut läuft und Aktienanlagen in den kommenden Jahren durchschnittlich 1/3 weniger Rendite pro Jahr bringen, wäre es am Ende der 25 Jahre immer noch rund eine Million. Vergessen Sie, dass Sie »sicher« sparen, wenn Sie auf Anleihen und festverzinsliche Wertpapiere setzen. Sie sparen sich in diesem Fall sicher arm, sonst nichts. Setzen Sie dagegen auf Aktienfonds und berücksichtigen die in diesem Buch beschriebenen Erfolgsregeln, gewinnen Sie auf lange Sicht.

7.

Aktienfondserfolge und vier Ausreden für ewige Geldverlierer

Im Laufe der letzten 15 Jahre habe ich zahlreiche Menschen kennen gelernt, die ich als ewige Geldverlierer bezeichne. Diese Menschen verlieren zwar streng genommen kein Geld, da sie jeden Betrag sorgsam mit einigen wenigen Prozent sparen. Doch letztlich verschwenden sie auf viele Jahre gesehen tausende und abertausende von Mark, weil sie immer die gleichen Gründe anführen, um nicht in Aktien oder Aktienfonds zu investieren. Diese Menschen staunen ungläubig über die Kursentwicklung an den Aktienmärkten und nennen meistens einen der folgenden vier Gründe für ihre Abwehrhaltung:

»Das kann ja nicht so weitergehen.«

»Das habe ich noch nie gemacht.«

»Wo soll das denn hinführen.«

»Irgendwann muss mal Schluss sein.«

Diese vier Ausreden bezeichne ich auch als die vier Gründe für ewiges Geldverlieren. Betrachten Sie hierzu die folgenden Zahlen:
    1980 steht der Dow Jones, der amerikanische Börsenindex, bei 800 Punkten.

Die ewigen Geldverlierer sagten: »Das kann ja so nicht weitergehen.« 1985 stand der Dow Jones bei rund 1400 Punkten. Die
Rendite lag bei rund

zwölf Prozent

im Jahr für die vergangenen fünf Jahre. Die ewigen Geldverlierer
sagten: »Das habe ich noch nie gemacht.«

1990 stand der Dow Jones bei rund 3000 Punkten. Die Rendite
lag bei rund

16 Prozent

im Jahr für die vergangenen fünf Jahre.

Die ewigen Geldverlierer sagten: »Wo soll das denn hinführen.«

1995 stand der Dow Jones bei rund 5000 Punkten. Die Rendite
lag bei rund

elf Prozent

im Jahr für die vergangenen fünf Jahre.

Die ewigen Geldverlierer sagten: »Irgendwann muss ja mal
Schluss sein.«

Anfang 2000 stand der Dow Jones bei rund 10 000 Punkten.
Die Rendite lag bei rund

15 Prozent

im Jahr für die vergangenen fünf Jahre.

Das Ergebnis: Die genannten vier Argumente oder Ausreden der
ewigen Geldverlierer haben zwischen 1980 und 2000 ein Vermögen gekostet. Angenommen, Sie wären 1980 mit 100 000 Mark
eingestiegen. Dann verfügten Sie heute trotz aller zwischenzeitlichen Hochs und Tiefs an den Börsen und auch am amerikanischen Börsenmarkt über 1,25 Millionen. Bei einer Bankanlage
mit sechs Prozent wären es lediglich 320 000 Mark, Sparbuchbe-
sitzer mit drei Prozent Zinsen dürften sich über magere 180 000
Mark »freuen«.

Fazit: An der Geldanlage in Aktien und damit Aktienfonds
führt für alle Gewinnsparer kein Weg vorbei.

Merke: Aktien und damit Aktienfonds brachten in der Vergangenheit trotz aller Hochs und Tiefs an den Börsen auf Dauer die höchsten Renditen. Wenn Sie als Geldanleger zu den Gewinnern zählen wollen, müssen Sie also in Aktienfonds investieren. Je höher die durchschnittliche Rendite, desto höher ist auch der Zinseszinseffekt. Um diesen geht es im folgenden Kapitel.

8.

Wie Erfolgssparer reich werden: Das Geheimnis des Zinseszinses

Ich möchte Ihnen im Folgenden vorab eine wunderbare Geschichte von Helena Pittmann aus New York wiedergeben, die sie 1986 in »Ein Korn Reis« (Hastings House) erzählte. Eine Geschichte, die hervorragend vermittelt, wieso Sie durch Zins und Zinseszins nichts anderes als reich werden können:

Vor langer Zeit war die Tochter des Kaisers in China krank. Der Kaiser wusste sich keinen Rat mehr, keiner seiner Ärzte konnte helfen. So ließ er im ganzen Land verkünden, dass er demjenigen, der seine Tochter heilen würde, unermessliche Reichtümer schenken würde. Eines Tages meldete sich ein einfacher Bauer im Palast. Er pflegte die Prinzessin nach Einwilligung des Kaisers, und sie wurde innerhalb kurzer Zeit gesund. Der Kaiser, hocherfreut, fragte den Bauern nach seinem Wunsch. Da dieser das Herz der Prinzessin bereits gewonnen hatte, erbat er höflich ihre Hand. Der Kaiser weigerte sich, seine Tochter einem einfachen Bauern zur Frau zu geben, und forderte daher, einen anderen Wunsch zu äußern. »Ein Korn Reis!«, sagte der Bauer. Der Kaiser war erneut verwundert: »Ein Korn Reis? Du kannst zwischen allen Reichtümern wählen, ob Gold, ob edle Pferde, die schönsten meiner Schlösser – alles kann dir gehören!« Der einfache Bauer antwortete: »Wenn Majestät darauf bestehen, so wünsche ich mir ein Korn Reis, aber er mag die Menge Reis jeden Tag für 100 Tage verdoppeln.« Der Kaiser willigte in den Handel ein und war sich sicher, dass der Bauer ein schlechtes Geschäft gemacht hatte.

Ahnen Sie, wie die Geschichte ausgeht? Durch die ständige Vermehrung (Verdoppelung) der Reiskornmenge hatte der clevere Bauer vom Kaiser mehr verlangt, als dieser jemals erfüllen konnte. Das Ergebnis war: In der Geschichte von Helena Pittmann bekam der einfache Bauer die Hand der Prinzessin, und es wurde eine wundervolle Hochzeit gefeiert. Aus Rücksicht gegenüber den Gefühlen des Kaisers verzichtete man an der Hochzeitstafel lediglich auf eine Speise: Reis.

Betrachten wir das Ergebnis einmal in Ruhe:

Tag	Anzahl Reiskörner
1	1
2	2
3	4
…	…
30	536 870 912
…	…
60	576 000 000 000 000 000
…	…
100	634 000 000 000 000 000 000 000 000 000

Angesichts dieser Zahlen wird deutlich, wieso der Kaiser aus lauter Verzweiflung dann doch in die Heirat seiner Tochter mit dem einfachen Bauern einwilligen musste. Aus einem einzigen Reiskorn war mehr geworden, als alle Reichtümer des Kaisers wert waren.

Nichts anderes ist die Wirkung von Zins und Zinseszins. Je höher die Rendite Ihrer Geldanlagen ist, desto höher sind Ihre

Zinsen oder Erträge. Und wenn diese, wieder angelegt, neue Zinsen oder Erträge bringen, kommt es zu diesem Zins- und Zinseszinseffekt. Je früher Sie dabei mit dem Sparen beginnen, desto besser. Es ist einleuchtend, dass der erste Tag eines Sparvertrages über die gesamte Spardauer die meisten Zinsen und Zinseszinsen bringt.

Einmalanlagen, Zins und Zinseszins oder Wie Sie mühelos reich werden

Wenn Sie schon über ein bestimmtes Vermögen verfügen, dann ist das folgende Kapitel für Sie besonders wichtig. Es geht darum, wie übers Fondssparen aus einem kleinen Vermögen im Laufe der Zeit mühelos ein großes Vermögen oder aus einem schon großen Vermögen ein Millionenvermögen wird. Sie brauchen dabei nichts weiter zu tun, als Ihr Vermögen anzulegen und zu warten.

Die Tabelle auf der nächsten Seite zeigt, wie Zins und Zinseszins für Sie mit großem Erfolg arbeiten. Je länger die Anlagedauer, desto besser. Die Tabelle nennt die Zahlen für eine Einmalanlage in Höhe von 100 000 Mark. Wenn Sie beispielsweise 300 000 Mark zur Einmalanlage zur Verfügung haben, multiplizieren Sie den in der Tabelle ausgewiesenen Wert einfach mit dem Faktor drei.

Verzehnfachen Sie Ihr Vermögen – Lassen Sie Ihr Geld für sich arbeiten

Verzehnfachen Sie Ihr Vermögen	
Rendite pro Jahr	Jahre bis zur Verzehnfachung
2	116
4	59
6	40
8	30
10	24
12	**20**
14	18
© www.FINANZ-INSTITUT-Kloeckner-de	

Das bedeutet: Wenn Sie beispielsweise 100 000 Mark einmalig zur Seite legen und in einen erfolgreichen Fonds investieren, warten Sie einfach bei einer angenommenen Rendite von zwölf Prozent pro Jahr 20 Jahre, und Sie sind Millionär. Wenn Sie bereits 300 000 Mark besitzen und mit zwölf Prozent 20 Jahre investieren, besitzen Sie anschließend rund drei Millionen. Sie müssen nichts tun außer warten. Wenn Sie also bereits über ein bestimmtes Vermögen verfügen und noch eine gewisse Zeit sparen wollen, legen Sie Ihr Vermögen in Aktienfonds an, und warten Sie. Seminarteilnehmer bestätigen immer wieder, dass, so einfach sich diese Regel anhört, sie nie geglaubt hätten, wie viel Spaß es macht, einerseits Monat für Monat zu arbeiten, andererseits jedoch zu wissen, dass ihr Geld ebenfalls für sie arbeitet.

Aktienfondssparpläne und Zinseszins oder
So werden Sie Millionär

Die Idee des »Autopiloten« Investmentfonds ist natürlich keine Idee, die ausschließlich für Leute mit viel Geld gedacht ist. Im Gegenteil: Investmentfondssparpläne können Sie – abhängig von der jeweiligen Fondsgesellschaft – bereits ab 50 oder 100 Mark abschließen. Das bedeutet, Sie brauchen keineswegs viel Geld, um das Sparen in Investmentfonds als Erfolgsprogramm nutzen zu können. Selbst kleine regelmäßige Sparbeträge bringen auf Dauer große Vermögenssummen.

Ihre erste Million – Notwendige Sparleistung pro Monat

Laufzeit in Jahren (Angaben in der Tabelle in Mark)						
Rendite	10	20	**30**	40	50	60
4	6816	2748	1459	861	536	344
6	6155	2206	1026	524	280	152
8	5552	1758	710	310	140	64
10	5003	1392	**485**	180	68	26
12	4506	1097	327	103	33	11
14	4055	862	220	59	16	4
© www.FINANZ-INSTITUT Kloeckner.de						

Wenn Sie also rund 500 Mark monatlich über 30 Jahre sparen und der Aktienfonds, in den Sie investieren, eine durchschnittliche Rendite von zehn Prozent jährlich erzielt, sind Sie am Ende dieses Sparplans Millionär.

Zins und Zinseszins
Kombinieren Sie Sparplan und Anlage
Ihres vorhandenen Vermögens

Im Folgenden zeige ich Ihnen anhand verschiedener Beispiele, wie Sie, wenn Sie bereits über ein bestimmtes (gespartes) Vermögen verfügen, innerhalb weniger Jahre zu Ihrer ersten Million kommen.

Millionär in 15 Jahren

Ihr Vermögen:	100 000 Mark
Ihre Sparrate:	1000 Mark monatlich
Endergebnis bei einer Rendite von	
8 Prozent	677 000 Mark
10 Prozent	860 000 Mark
12 Prozent	1 100 000 Mark
14 Prozent	1 413 000 Mark

Millionär in 20 Jahren

Ihr Vermögen:	100 000 Mark
Ihre Sparrate:	500 Mark monatlich
Endergebnis bei einer Rendite von	
8 Prozent	787 000 Mark
10 Prozent	1 112 000 Mark
12 Prozent	1 584 000 Mark
14 Prozent	2 269 000 Mark

Millionär in 30 Jahren

Ihr Vermögen:	25 000 Mark
Ihre Sparrate:	500 Mark monatlich
Endergebnis bei einer Rendite von	
8 Prozent	1 000 000 Mark
10 Prozent	1 630 000 Mark
12 Prozent	2 650 000 Mark
14 Prozent	4 370 000 Mark

Fazit: Ob Sie lediglich einen Einmalbetrag anlegen, regelmäßig sparen wollen oder beide Möglichkeiten kombinieren. Sie kommen an einem größeren oder großen Vermögen gar nicht vorbei, wenn Sie Ihr Geld in erfolgreiche Aktienfonds anlegen.

9.

Warum Ihr Geld in Aktienfonds sicher ist

Der Gesetzgeber hat dafür gesorgt, dass Ihr in Investmentfonds angelegtes Geld sicher ist. So dürfen beispielsweise in einzelne Wertpapiere eines Unternehmens nur fünf Prozent des gesamten Fondsvermögens investiert werden, in Einzelfällen – geregelt im Verwaltungsvertrag – können es auch zehn Prozent sein. Bei offenen Immobilienfonds gilt die Regel, dass mindestens zehn Prozent Objekte im Fonds enthalten sein müssen. Ferner darf kein Objekt zum Zeitpunkt des Erwerbs den Wert von 15 Prozent des gesamten Fondsvermögens überschreiten. Diese Grenzen sorgen dafür, dass die Kundengelder entsprechend der Zielsetzung des Fondsgedankens in jedem Fall gestreut werden. Dazu kommt eine weitere Regelung: Eine Depotbank sammelt die eingehenden Gelder oder regelt die Rücknahme bereits gekaufter Fondsanteile. Zudem werden die gekauften Fondsanteile auf einem Sperrkonto verbucht. Die Fondsgesellschaft kann also nicht unmittelbare Entscheidungen selbst ausführen. Diese Vorgehensweise wurde vom Gesetzgeber geregelt, damit böse Fondsmanager nicht in betrügerischer Weise Kundengelder vereinnahmen können. Die Depotbank ist die Kontrollinstanz. Würde ein Auftrag eines Fondsmanagers den gesetzlichen Richtlinien oder den im Anlageprospekt genannten Richtlinien widersprechen, wird die Depotbank den jeweiligen Auftrag nicht ausführen.

10.

Welches einzige Risiko es bei Aktienfonds gibt, und warum Sie es kennen müssen

Ja, es stimmt! Es gibt beim Sparen mit Aktienfonds nur ein einziges Risiko. Und das lautet:

> **Sie dürfen niemals zu
> einem festen Zeitpunkt
> verkaufen müssen!**

Wie ist das gemeint? Dieser Satz bedeutet, dass jeder Finanzberater unseriös ist, der Ihnen ohne weitere Erklärungen als nahezu sicher verspricht:

»Wenn Sie ab sofort 20 Jahre monatlich 200 Mark in einen Aktienfonds einzahlen, besitzen Sie bei sagen wir zehn Prozent durchschnittlicher Rendite pro Jahr am Ende, also am 24. August des Jahres X, ein Vermögen von 143 670,90!!«

Solche auf Jahr, Tag und Kommastelle genau gerechneten künftigen Ergebnisse sind unseriös. Noch schlimmer: Wer in solchen Fällen das Risiko von Kursverlusten zum Ende eines Anlageplanes nicht kennt, erlebt schnell eine böse, zumindest jedoch unangenehme Überraschung. Für das obige Gewinnversprechen unseres fiktiven Finanzberaters haben wir im Folgenden einmal nachgerechnet, wie hoch das Ergebnis denn wirklich wäre, wenn es nur im letzten Jahr zu einem Kursverlust kommt. Also: 19 Jahre würde sich der Investmentfondssparplan mit zehn Prozent jährlich rentieren, im 20. Jahr kommt es jedoch zu einem kleinen Börsencrash. Die Folge: Das Ergebnis unseres Sparplanbesitzers verringert sich:

Verlust im 20. Jahr	Gesamtergebnis	Minus gegenüber vom Finanzberater prognostizierten Ergebnis
minus 5 %	124 400 Mark	ca. 19 300 Mark
minus 10 %	118 400 Mark	ca. 25 300 Mark
minus 15 %	112 600 Mark	ca. 31 000 Mark
minus 20 %	107 000 Mark	ca. 36 700 Mark

Ergebnis: Ein schlechtes Jahr zum geplanten Laufzeitende kann das durchschnittlich gute bis sehr gute Ergebnis vorangegangener Jahre schnell zunichte machen. Wer im obigen Beispiel mit der vom Finanzberater im Verkaufsgespräch genannten verlockenden Zahl von 143 670,90 Mark fest rechnet und möglicherweise diesen Betrag zum Abbezahlen einer Schuld (z. B. Immobilie) eingeplant hat, steht nun vor einem Problem.

Kein Aktienfondssparplan ohne Sicherheitspuffer

Aus dem oben beschriebenen, einzigen Risiko bei Aktienfondssparplänen ergibt sich zwangsläufig, dass Sie bei solchen Sparplänen stets einen ausreichenden Zeitpuffer einbauen müssen. Da das Risiko, bei einem Aktienfondssparplan mit einem schlechten Ergebnis abzuschneiden, mit zunehmender Laufzeit abnimmt, können Sie auch den Zeitpuffer bei langen Anlagesparplänen gedanklich kleiner kalkulieren als bei kurz laufenden Aktienfondssparplänen. Im Folgenden nenne ich Ihnen die aus meiner Sicht empfehlenswerten und in jedem Fall zu beachtenden Zeitpuffer für unterschiedliche Anlagezeiträume:

Fondssparplan angelegt auf insgesamt x Jahre	Empfohlener Zeitpuffer
10	1 bis 5 Jahre
15	1 bis 4 Jahre
20	1 bis 3 Jahre
>30	1 bis 2 Jahre

Tipp: Wenn Sie, wie in unserem oben genannten Beispiel, ein festes Sparziel zu einem festen in der Zukunft liegenden Zeitpunkt erreichen wollen, lassen Sie sich zunächst bei Annahme einer jährlichen Rendite von zehn Prozent die notwendige Sparrate ausrechnen. Ergibt sich eine Sparrate von sagen wir 100 Mark, so sparen Sie einfach einen Betrag zwischen zehn und 20 Prozent zusätzlich. Mit diesen Zusatzzahlungen legen Sie sich selbst einen Sicherheitspuffer an. Denn so sparen Sie über die geplante Anlagedauer ein größeres Vermögen als geplant. Kommt es dann am Ende der Laufzeit zu einem Kurseinbruch und Ihr Aktienfondsvermögen sinkt vorübergehend im Wert, erhalten Sie womöglich den Wert, den Sie ursprünglich auf der Basis von 100 Mark monatlich geplant hatten.

Hierzu ein Beispiel:

Sie wollen über 25 Jahre 200 Mark in einen international anlegenden Aktienfonds als Grundstock für Ihr künftiges Vermögen investieren. Bei einer angenommenen, durchschnittlichen Rendite von zehn Prozent pro Jahr ergibt sich am Ende der Laufzeit ein mögliches Vermögen von rund 265 000 Mark (ohne Gebühren). Wenn Sie nun statt 200 Mark 240 Mark investieren, kommen Sie auf rund 320 000 Mark. Selbst dann, wenn zum Ende der geplanten Spardauer die Kurse im letzten Jahr um rund zehn Prozent sinken würden, erreichen Sie Ihr geplantes Vermögensziel von 265 000 Mark.

Merke: Aktienfondssparen ist auf Dauer der beste Weg zu Reichtum. Gewinner investieren so, dass sie niemals zu einem festen Zeitpunkt einen Teil oder das gesamte angesparte Vermögen benötigen. Gewinner planen immer ausreichende Sicherheitspuffer ein. Entweder in Form zusätzlicher Anlagedauer oder in Form zusätzlicher Sparraten.

Notizen, Anmerkungen für meine persönliche Finanzplanung

11.

Kosten bei der Aktienfondsanlage
Der »Ausgabeaufschlag« und was Sie darüber wissen müssen

So manch einer hat sich bereits für das Investmentfondssparen interessiert, jedoch als er die Höhe des Ausgabeaufschlages erfuhr, entsetzt oder empört abgelehnt. Denn immerhin kassieren Fondsanbieter für jede Einzahlung eine Gebühr von bis zu sechs Prozent, in Einzelfällen auch mehr. Als ungefähre Werte können Sie folgende Prozentzahlen ansetzen:

- Aktienfonds: 3 bis 9 Prozent
- Rentenfonds: 2 bis 5 Prozent
- Offene Immobilienfonds: 4 bis 6 Prozent

Kein Wunder, dass mancher Sparwillige bei diesen Zahlen zunächst abwehrend reagiert. Dahinter steht oft eine Portion Unkenntnis. Seminarteilnehmer haben mir bestätigt, dass sie vor ihrem ersten Geldseminar wie folgt gedacht haben:

Anlage	1000 Mark
Zins	6 Prozent
Gebühr	6 Prozent (einmalig)
Ergebnis	± Null

Wer bisher sein Geld mit Sparbuch- oder Banksparplanzinsen zwischen drei und sechs Prozent angelegt hat, für den muss eine Gebühr in Höhe von einmalig sechs Prozent sehr hoch wirken. Für diese einmalige Gebühr je Anlagebetrag kaufen Sie sich jedoch das Recht, dass dieser Anlagebetrag, so lange Sie wollen, am Wachstum des Fonds partizipiert.

Im Folgenden erfahren Sie, wie Sie den Ausgabeaufschlag richtig berechnen und was Sie beachten müssen.

Berechnung des Ausgabeaufschlags

Immer wieder lesen Sie, dass bei einem Ausgabeaufschlag von beispielsweise fünf Prozent 95 Prozent angelegt werden. Das ist nicht ganz richtig. Jeder Fonds wird zu einem so genannten Ausgabekurs (inklusive Ausgabeaufschlag) und zu einem Rücknahmekurs gehandelt. In den Zeitungen finden Sie hinter den Investmentfondsnamen in der Regel die Abkürzung

»Ausg.« und »Rückn.«

Ein Beispiel: So weist das Handelsblatt für einen Aktienfonds an einem Tag die beiden folgenden Werte aus:

Ausg.	**Rückn.**
132,11	**125,82**

Wenn Sie nun 132,11 durch 125,82 dividieren, kommen Sie auf 1,05. Das bedeutet: Im Ausgabekurs von 132,11 ist der Ausgabeaufschlag in Höhe von fünf Prozent enthalten. Oder anders ausgedrückt: Auf den Rücknahmepreis von 125,82 wird die Gebühr »aufgeschlagen«. Daher Ausgabe»aufschlag«. Wenn Sie also einen Betrag von 10 000 Mark in einen Aktienfonds mit einem Ausgabeaufschlag von fünf Prozent anlegen, dann entsprechen Ihre 10 000 Mark 105 Prozent, zur Anlage kommen:

10 000 Mark dividiert durch 1,05 = 9524 Mark

Also eben nicht 95 Prozent oder genau 9500 Mark, sondern ein wenig mehr. Das liegt darin, dass Sie zum Ausgabekurs kaufen, also in Ihrem angelegten Betrag der jeweilige Ausgabeaufschlag enthalten ist.

Machen Sie selbst den Test:

9 524 Mark
plus 5 Prozent
_____

= 10 000 Mark

Es handelt sich also tatsächlich um einen »Aufschlag«. Daher heißt es »Ausgabe-Aufschlag«. Auf eine Besonderheit sei noch hingewiesen: Beim Ausgabeaufschlag haben Fondsgesellschaften eine kleine Möglichkeit zur Trickserei. Nehmen wir zur Erklärung ein einfaches Beispiel:

Ausg.	**Rückn.**
100,00	**95,00**

Differenz: 5,00

Diese Differenz entspricht auch in diesem Beispiel den bereits genannten fünf Prozent, allerdings auf die Bruttoanlagesumme (100 DM), tatsächlich ist es jedoch ein Aufschlag von 5,26 Prozent, bezogen auf die Nettoanlagesumme von 95 Mark. Mit anderen Worten: Sie zahlen eigentlich 95 Mark auf Ihr Sparkonto ein und müssen dafür eine getrennte Gebühr (Aufschlag) von 5,26 Prozent entrichten. Dieser Unterschied, ob die Fondskosten im Verhältnis zur Brutto- oder Nettoanlagesumme ausgedrückt werden, ist zwar nicht allzu bedeutend, im Zusammenhang mit dem Ausgabeaufschlag aber dennoch wichtig. Am besten ist auch hier der Blick in den Verkaufsprospekt. In der Regel finden Sie darin Beispielrechnungen, wie der Ausgabeaufschlag tatsächlich ermittelt wird.

Ausgabeaufschlag und Bonusregelungen

Manche Fondsgesellschaften offerieren die unterschiedlichsten Bonusregelungen. Manche bieten eine Gebührenstaffel abhängig von der Anlagesumme. Andere reduzieren den Ausgabeaufschlag umso mehr, je länger die Laufzeit ist. Es handelt sich also um eine Art Treuebonus. Tipp: Fragen Sie Ihren Berater nach solchen Bonusregelungen.

Die Wirkung des Ausgabeaufschlags
bei Einmalanlagen

Hier gilt: Je länger Sie einen Aktienfonds nach erfolgter Einmalanlage halten, auf umso mehr Jahre verteilt sich der Ausgabeaufschlag und umso geringer ist der Unterschied in der Rendite, im Gegensatz zu einem Fonds mit keinem oder geringem Ausgabeaufschlag. In der folgenden Tabelle finden Sie die Rendite für unterschiedlich lange Anlagezeiträume: a) für eine Einmalanlage mit einem Ausgabeaufschlag von fünf Prozent und b) für eine Einmalanlage ohne Ausgabeaufschlag.

Einmalanlage: 50 000 Mark Durchschnittliche Rendite pro Jahr 10 Prozent		
Anlagedauer in Jahren	**a) Rendite bei Anlage mit 5 Prozent Ausgabeaufschlag**	**b) Rendite bei Anlage ohne Ausgabeaufschlag**
1	4,76	10
5	8,93	10
10	9,46	10
15	9,64	10
20	9,73	10
30	9,82	10
40	9,87	10
© www.FINANZ-INSTITUT-Kloeckner.de		

Auch wenn dieses Prinzip dafür spricht, eine Einmalanlage, bei der Sie einen Ausgabeaufschlag bezahlt haben, möglichst lange in einem Fonds zu belassen, bedeutet das natürlich nicht, dass Sie Ihr Geld über Jahre in einem Fonds deponieren sollten, der sich Jahr für Jahr als Flop erweist. In diesem Fall gilt es, die Anteile gegebenenfalls zu verkaufen und in einen anderen Aktienfonds zu investieren.

Die Wirkung des Ausgabeaufschlags
bei Fondssparplänen

Je nachdem, wo Sie Ihre Fondsanteile kaufen, kann der Ausgabeaufschlag unterschiedlich hoch sein. Am günstigsten ist in der Regel der Kauf über Direktbanken/Discountbroker. In Einzelfällen
können Sie hier um die 75 Prozent des üblichen Ausgabeaufschlags sparen. Wer weiß, welche Fonds er kaufen will und auf die
ansonsten bei Banken oder Anlageberatern übliche Beratung
verzichten kann, gewinnt zusätzlich.

Sparplan: 300 Mark monatlich Durchschnittliche Rendite pro Jahr 10 Prozent			
Anlagedauer in Jahren	Fondsanteils-kauf mit 6 % Ausgabe-aufschlag	Fondsanteils-kauf mit 3 % Ausgabe-aufschlag	Fondsanteils-kauf mit 0 % Ausgabe-aufschlag
1	3 500	3 700	3 800
5	22 000	22 500	23 000
10	57 000	58 000	60 000
20	203 000	209 000	216 000
30	584 000	601 000	619 000
40	1 571 000	1 617 000	1 666 000
© www.FINANZ-INSTITUT-Kloeckner.de			

Ergebnis: Vergleicht man die Zahlen bei der extrem langen Anlagedauer von 40 Jahren, so ist der Unterschied zwischen dem
Sparplan mit sechs Prozent, dem mit drei Prozent und dem mit
null Prozent enorm. Allein zwischen drei und sechs Prozent bedeutet das: Sie haben bei Entscheidung für den Kauf über eine
Direktbank im Laufe der 40 Jahre lediglich 3840 Mark an Gebühren (jeden Monat acht Mark) gespart, erhalten jedoch bei gleichen Voraussetzungen

	1 617 000 Mark
minus	1 571 000 Mark

46 000 Mark

mehr an Vermögen. Es lohnt sich also vor allem bei langfristigen Investitionen in Aktienfondssparpläne zu klären, inwieweit Sie einen ausgewählten Aktienfonds kostengünstig über eine Direktbank/einen Discountbroker kaufen können. Einen Haken gibt es allerdings in der Praxis: Nicht selten streichen Fondsgesellschaften bei sehr gut laufenden Fonds den Rabatt auf den Ausgabeaufschlag. Schließlich hat es ein besonders erfolgreicher Aktienfonds nicht nötig, Anleger anzulocken. Die guten Ergebnisse sind in solchen Fällen Werbung genug. Hier haben Sie hin und wieder schlechte Karten, wenn Sie beim Ausgabeaufschlag feilschen wollen.

Vorsicht Gebührenfalle: No-Load-Fonds

Da kurzfristige Kosten Geldanleger immer mehr abschrecken als auf lange Sicht verteilte höhere Kosten, kamen clevere Köpfe irgendwann auf die Idee, Investmentfonds ohne Ausgabeaufschlag zum Verkauf anzubieten. Das Ganze hört sich zunächst prima an, sparen Sie doch bei jedem Fondskauf bares Geld. Da die Rechnung letztlich auch für die Fondsgesellschaft aufgehen muss, wird an anderer Stelle der bei No-Load-Fonds fehlende Verdienst durch den Ausgabeaufschlag wieder einkassiert. Das geschieht in der Regel über die Verwaltungskosten. Im Folgenden ein Vergleich:

	Fondsvergleich: Sparplan mit 300 Mark monatlich
Fonds A	5 % Ausgabeaufschlag 0,5 % Verwaltungskosten pro Jahr berechnet auf das Gesamtvermögen
Fonds B	0 % Ausgabeaufschlag 1,5 % Verwaltungskosten pro Jahr berechnet auf das Gesamtvermögen

Wie sieht nun die Vermögensentwicklung beider Fonds in den nächsten Jahren aus, und wann wird womöglich der No-Load-Fonds zur teureren Alternative? Bei diesem Vergleich nehmen wir eine durchschnittliche Rendite von zehn Prozent an, alle weiteren Kosten (Depotbankgebühr usw.) bleiben in beiden Fällen gleich.

Entwicklung des Fondsvermögens im ersten Jahr

Fonds A	Fonds B
286,0	300,0
574,4	602,5
865,2	907,5
1158,4	1215,1
1454,0	1525,2
1752,1	1837,9
2052,8	2153,2
2355,9	2471,2
2661,5	2791,8
2969,7	3115,0
3280,4	3441,0

Entwicklung des Fondsvermögens im neunten Jahr

40 777,2	40 720,8
41 403,0	41 360,1
42 034,0	42 004,8
42 670,3	42 654,8
43 311,9	43 310,3
43 958,8	43 971,2

Fazit: No-Load-Fonds eignen sich, wenn Sie kurzfristig auf eigene Faust mit Aktienfonds hin- und her jonglieren wollen. Wenn Sie dagegen langfristig Ihr Geld anlegen, sollten Sie sich niemals nach der Höhe des Ausgabeaufschlags richten, sondern danach, ob der von Ihnen ausgewählte Fonds zur Spitzengruppe der jeweiligen Kategorie zählt. In unserem Beispiel sehen Sie, wie bei gleicher unterstellter Wertentwicklung bis zum zehnten Jahr der vermeintlich teure Fonds den No-Load-Fonds hinsichtlich der Gesamtgebühren geschlagen hat. In der Regel beginnt um das fünfte Jahr der Vorteil der vermeintlich günstigen No-Load-Fonds zu kippen. In jedem Fall gilt: Wenn Sie Ihr Geld eher kurzfristig anlegen möchten, fragen Sie in jedem Fall Ihren Berater nach No-Load-Fonds. Erwarten Sie nicht, dass Berater Ihnen diese Fonds von sich aus empfehlen. Schließlich gibt es an der Vermittlung solcher Fonds zunächst nichts zu verdienen.

Verwaltungsgebühr

Neben dem Ausgabeaufschlag ist die Verwaltungsgebühr der nächste große Kostenblock und bei genauer Betrachtung eine beträchtliche Einnahmequelle der Fondsgesellschaften. Je nach Größe des entsprechenden Investmentfonds und abhängig vom Fondsvolumen, liegt die absolute Höhe der jährlichen Verwaltungsgebühr zwischen ein- und dreistelligen Millionenbeträgen. Diese Verwaltungsgebühr fällt auf »Fondsebene« an. Das bedeutet, die Depotbank kassiert diese Gebühr, die dann sofort dem Fondsvermögen belastet wird. Die Verwaltungsgebühr muss im Prospekt genannt sein. Gleichzeitig finden Sie die Verwaltungsgebühr auch auf dem so genannten Zeichnungsschein bei Vertragsabschluss. Wie der Name sagt, handelt es sich bei dieser Gebühr um eine Art Managementgebühr. Schließlich müssen das Fondsmanagement und alle übrigen mit der Verwaltung des Fondsvermögens anfallenden Aufgaben bezahlt werden. Für die drei in diesem Buch genannten Fondskategorien liegt diese Verwaltungsgebühr in unterschiedlichen Bandbreiten (Zirkawerte):

- Aktienfonds: 0,5 bis 3 Prozent
- Rentenfonds: 0,2 bis 1,5 Prozent
- Offene Immobilienfonds: 0,5 bis 1,0 Prozent

Tipp: Achten Sie darauf, dass mit dieser Verwaltungsgebühr alle Managementleistungen bezahlt sind. In seltenen Fällen erheben einzelne Fonds noch getrennt und zusätzlich eine so genannte Managementgebühr. Um hier auf Nummer sicher zu gehen, ist es unbedingt erforderlich, dass Sie sich selbst vergewissern (Prospekt!). Auch hier greift wieder einmal der Grundsatz: Übernehmen Sie VerANTWORTung für Ihr Geld.

Depotbankgebühr

Für ihre Tätigkeit als Depotbank erhält diese eine entsprechende Gebühr, die so genannte Depotbankgebühr. Die Höhe ist im Vergleich zu den Verwaltungsgebühren relativ gering (meist 0,1 Prozent des durchschnittlichen Fondsvermögens), macht jedoch – je nach Fondsgröße – ebenfalls noch einige Millionen aus.

Wer nun angesichts dieser Millionenbeträge an Kosten der Meinung ist, Investmentfonds seien eine unrentable, teure und völlig unsinnige Anlageform, irrt gewaltig. Denn: Werden die Gebühren auf die einzelnen Fondsanteile umgerechnet, ergeben sich statt der Millionenbeträge im Absoluten schnell Pfennigbeträge je Fondsanteil. Und: Alle auf Fondsebene anfallenden Gebühren werden bei der Rendite/Performanceberechnung berücksichtigt.

12.

Aktienfonds:
Gewinneranlage inklusive Steuervorteil

Die Besteuerung der Geldanlage in Aktienfonds ist – trotz immer
wieder aufkeimender Besteuerungsvorschläge des Finanzminis-
teriums – weiter vorteilhaft.

1. Kurssteigerungen von Investmentfonds, gleich ob es sich dabei
   um Aktien-, Renten- oder offene Immobilienfonds handelt,
   sind weiter für Sie als Anleger steuerfrei, vorausgesetzt, die
   Gewinne werden nach einer Spekulationsfrist von zwölf Monaten erzielt.
2. Kursgewinne, die Fondsmanager im Rahmen ihres aktiven
   Fondsmanagements erzielen, sind immer steuerfrei. Das hat
   den Vorteil, dass Fondsmanager unabhängig von steuerlichen
   Belangen so reagieren können, wie sie es im Sinne ihrer Anleger für richtig halten.
3. Erträge aus Dividenden bei Aktien, Zinsen bei Anleihen oder
   Mieterträgen bei Immobilienfonds werden vom jeweiligen
   Fondsmanagement getrennt ausgewiesen. Als Anleger haben
   Sie diesen Teil mit Ihrem individuellen Steuersatz zu versteuern. Auch dann, wenn Sie in einen thesaurierenden Fonds investiert haben (bei dem die Erträge wieder angelegt werden),
   sind die unter Punkt 3 genannten Erträge jährlich zu versteuern.

Dabei gilt für alle genannten Fondserträge der Steuerfreibetrag
für Kapitaleinkünfte. Für Ledige sind also 3100 Mark steuerfrei,
für Verheiratete 6200 Mark. Liegen Ihre Einkünfte über diesen
Freibeträgen, unterliegt der Mehrertrag der Zinsabschlagssteuer
und der Kapitalertragssteuer. Denken Sie in diesem Zusammenhang daran, bei Ihrer Bank oder der jeweiligen Fondsgesellschaft
einen Freistellungsauftrag in Höhe der zu erwartenden Erträge
anzugeben. Erteilen Sie diesen Freistellungsauftrag nicht, so wer-

den 30 Prozent der Erträge automatisch ans Finanzamt abgeführt.

Tipp: Für alle an Aktienfonds interessierten Geldanleger gilt: Aktienfonds sind eine steuerlich sehr günstige Anlageform. Wenn Sie erstmals mit steuerlichen Fragen in Zusammenhang mit Investmentfonds konfrontiert werden, bietet der Bundesverband der Deutschen Investmentgesellschaften (BVI) hilfreiche Broschüren für die Steuererklärung an. Diese Informationen bringen Ihnen Klarheit (Die Adresse des BVI finden Sie im Anhang auf Seite 223).

13.

Fondstabellen und Ranglisten: Drum prüfe, wer sich ewig bindet

Jedes Jahr, teilweise Monat für Monat, werden neue Fondssieger und Fondsverlierer gekürt. Diese Fondstabellen oder Ranglisten sind in der Regel eine prima Hilfe, wenn Sie nach Erfolg versprechenden Fonds suchen.

Ein gutes Beispiel ausführlicher Fondstabellen sind beispielsweise die Vergleiche in der Zeitschrift FINANZtest. Hier werden anschaulich und in regelmäßigem Abstand die Fonds nach zahlreichen Kriterien bewertet:

- Stabilität der Wertentwicklung
- Abweichung vom Markt (als Maßstab für die Stärke der fondsspezifischen Schwankungen)
- Angaben zur Verlustphase
- Maximaler Verlust

Ebenfalls hilfreich für alle Internetsurfer ist die E-Mail-Adresse www.micropal.de. Hier finden Sie umfangreiche Datenbanken, in denen Sie in aller Ruhe stöbern und sich die unterschiedlichen Wertentwicklungen aller gängigen Fondskategorien betrachten können. Hierbei gilt: Gute Berater arbeiten auf jeden Fall mit mindestens einer Fondsdatenbank zusammen. Neben micropal.de sind weitere bekannte Fondsdatenbanken:

FCS Finanz-Computer Service
FVBS
Marketmaker

Nutzen Sie das Beratungsgespräch mit Ihrem Finanzberater, und lassen Sie sich, wenn dieser Ihnen einen Fonds zur Anlage vorschlägt, die entsprechenden Vergleiche aus mindestens einer dieser Datenbanken zeigen. Achten Sie darauf, dass Ihnen grundsätzlich Zahlen kurz-, mittel- und langfristiger Zeiträume vorgelegt werden.

Was tun bei neuen Fonds?

Wenn neue Fonds aufgelegt werden, gibt es natürlich noch keine Vergangenheitszahlen und somit auch keine Vergleichsmöglichkeiten. In solchen Fällen sollten Sie nur dann kaufen, wenn Sie die Anlageidee (den Anlageschwerpunkt) für viel versprechend halten und es sich beim Fondsmanagement um entweder a) ein großes Institut handelt oder b) das Fondsmanagement in der Vergangenheit Erfolge mit anderen Fonds vorzuweisen hatte. Immer wieder beginnen nämlich erfolgreiche Fondsmanager auf eigene Faust mit eigenen Fonds zu arbeiten. Trotz fehlender Historie kann eine Entscheidung für solche neuen Fonds prima sein, vorausgesetzt, die oben genannten Faktoren sind erfüllt.

14.

Fondspicking-Modelle:
Es ist nicht alles Gold, was glänzt

Als »Stockpicking« bezeichnet man die gezielte Auswahl einzelner Aktien. Als »Fondspicking« demzufolge die gezielte Auswahl einzelner Fonds. Anbieter von Fondspicking-Modellen gibt es zwischenzeitlich unzählige. Doch so manches Modell entpuppte sich statt als Renditetop als Renditeflop und so mancher Anleger fiel auf ein Betrugsmodell herein. Zugegeben, das Angebot klingt verlockend. Trotzdem schaltet sich bei einem Fondspicking-Angebot zunächst lediglich ein weiterer – im Grunde genommen unnötiger – Mitspieler ein. Dieser zusätzliche Mitspieler in Form des Fondspickers will eines: mit seinem Fondspicking-Modell Geld verdienen. Und frei nach dem Motto »Das Geld ist nicht weg, es hat nur ein anderer«, bezahlen Sie mit Ihrem Geld den Fondspicker. Um dies zu rechtfertigen, muss er Ihnen gegenüber einer üblichen Aktienfondsanlage einen entsprechenden Mehrwert bringen. Dieser Mehrwert durch Fondspicking wird auch von zahlreichen Anbietern versprochen, jedoch längst nicht von allen gehalten. Ein krasses und für die Anleger teures Beispiel eines wirklichen Fondspicking-Flops ist das Modell der Graf Lambsdorff Vermögensverwaltung. Als eine der Ersten auf dem Gebiet des Fondspicking startete die Lambsdorff-Gruppe mit großen Mehrwert-Versprechungen um 1990. Die ersten fünf Jahre liefen durchaus viel versprechend an, dann jedoch versagten die Fondspicking-Mechanismen, und die Ergebnisse waren schlichtweg bis einschließlich 1999 katastrophal. Während an den Aktienbörsen ein Hoch aufs andere folgte, waren die Lambsdorffschen Ergebnisse im Vergleich zu Wettbewerbern und zur klassischen Anlage in ausgewählte Einzelfonds mickrig oder sogar negativ mit bis zu zweistelligen Minusrenditen für lang laufende Fondspicking-Verträge (nach allen Kosten). Bevor Sie sich ein Fondspicking-Modell näher ansehen, gehen Sie daher wie folgt vor:

1. Lassen Sie sich schriftlich (!) vom jeweiligen Berater eines Fondspicking-Angebotes eine Musterberechnung über mindestens zehn Anlagejahre auf der Grundlage einer Bruttorendite von beispielsweise zehn Prozent jährlich geben. Das bedeutet: Ihr Berater soll Ihnen schriftlich die Rendite nennen, die Ihnen unter Annahme einer erzielten Bruttorendite (vor **allen** [!] Kosten) netto (abzüglich aller Gebühren) in der Tasche verbleibt. Kommt Ihr Berater hierbei ins Straucheln, können Sie sicher sein, dass er nicht über die ausreichende Fachkenntnis verfügt, um Sie qualifiziert zu beraten.

2. Selbst dann, wenn Ihr Berater Ihnen problemlos solche nachvollziehbaren!!! Berechnungen vorlegt, sollten Sie seine Qualifikation und seinen Ruf in der Finanzbranche überprüfen. Was hat der Anbieter vorher geleistet, liegen Berichte in verschiedenen Medien über den Anbieter vor? Wichtig auch: Ist der Name der Firma einwandfrei sauber? Gibt es über die hinter der Firma stehenden Personen etwas Negatives zu berichten? Wer hier auf Nummer sicher gehen will, der sollte sich an das Deutsche Finanzdienstleistungs-Informationszentrum (DFI) wenden (069/24263940) oder an kapital-markt-intern (kmi – 0211/6698164). Beide Firmen sind im Sinne des Verbraucherschutzes tätig und verfügen über große Datenarchive, in denen Sie nach Namen von Personen und Unternehmen suchen können. Werden Sie fündig, haben Sie die Möglichkeit, gegen eine Gebühr die vollständige Information abzurufen.

GEWINNERSTRATEGIEN FÜR JEDEN ANLEGERTYP

Wenn ein Mensch behauptet, mit Geld ließe sich alles erreichen,
darf man sicher sein, dass er nie welches gehabt hat.
Aristoteles Onassis

1.

Für schnelle Leser auf einen Blick: Die richtige Anlagemischung für jeden Anlegertyp

Eine der wichtigsten Fragen ist die nach Ihrem Anlegertyp. Immer wieder kommen Leute zu uns mit Anlagewünschen, wie:

»Ich habe 5000 Mark und will sie anlegen. Das Geld soll richtig arbeiten, mindestens zweistellige Renditen bringen, aber ich muss auch jederzeit ans Geld ran können.«

Daher ist es wichtig, in einem ersten Schritt zwei wesentliche Fragen in Zusammenhang mit Ihrer Geldanlage in Investmentfonds zu klären:

> **1. Welchen Anlagezweck verfolgen Sie?**
> **2. Welchen Zeitraum planen Sie ein?**

Nehmen Sie sich im Folgenden einige Minuten Zeit, und denken Sie über Ihren Anlagezweck und Ihren jeweiligen Anlagezeitraum nach.

ANLAGEZWECK	ZEITRAUM
_____	_____
_____	_____
_____	_____
_____	_____

Dabei gilt: Höchstmögliche Rendite bei höchster Sicherheit und zudem kurzfristig schließen sich aus. Am besten Sie nehmen sich auch hier ein wenig Zeit, um über Ihre Risikobereitschaft bei der Investition Ihres Geldes nachzudenken. Hierbei soll Ihnen die folgende Geldpyramide helfen:

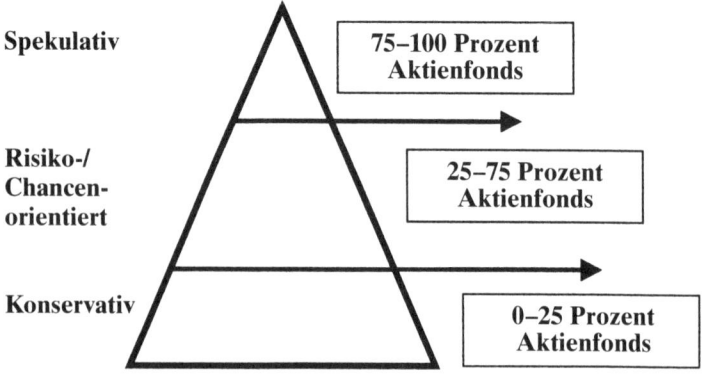

Je nachdem, wie risiko-/chancenorientiert Sie sind, sollten Sie auch Ihr Geld investieren. Wenn Sie sich also zu 50 Prozent als risiko-/chancenorientiert einschätzen, investieren Sie auch 50 Prozent in Aktienfonds.

Tragen Sie hier Ihre Zahl ein:

_____ %

Beispiele für individuelle Anlagestrategien:
Im Folgenden nenne ich Ihnen meine persönliche Empfehlung für die Aufteilung Ihres Vermögens abhängig von Ihrem Lebensalter. Diese Empfehlung soll für Sie ein Anhaltspunkt sein und ist sozusagen für schnelle Leser gedacht. Wer es genau wissen will, findet ab Seite 77 eine individuelle Risikoanalyse, mit der sich der Anlegertyp individuell bestimmen lässt. Letztlich müssen Sie selbst entscheiden, mit welcher Anlagemischung Ihnen wohl ist. So kann es sein, dass Sie völlig abweichend von meinen Empfehlungen für schnelle Leser im Alter von sagen wir 70 Jahren Ihr Vermögen überwiegend in Aktien/Aktienfonds anlegen wollen. Wichtig ist, dass Sie in jeder Lebensphase über genügend Bargeld verfügen, um Ihre laufenden Ausgaben für einen Zeitraum von drei bis sechs Monaten bezahlen zu können.

Meine persönliche Anlageempfehlung für die drei Anlegertypen: konservativ, risikoorientiert, spekulativ.

Typ: Spekulativ

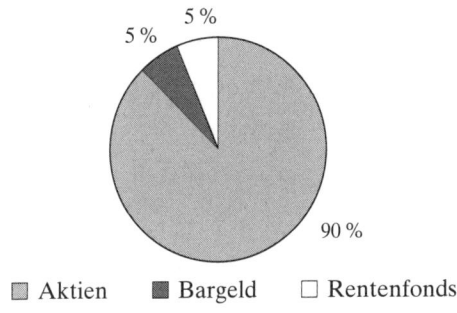

Hinweis: Mischen Sie als spekulativer Typ Ihre Aktienfonds. Setzen Sie auch ·auf Wachstumsbranchen. Denken Sie daran: Die oben genannten Prozentzahlen sind lediglich ein Anhaltspunkt. Sie sollten in jedem Fall Mut zur spekulativen Variante haben, wenn Sie 35 Jahre und jünger sind. In diesem Fall haben Sie noch ausreichend Zeit, auch einmal Durststrecken mit sinkenden Börsenkursen durchzuhalten.

Typ: Risikoorientiert

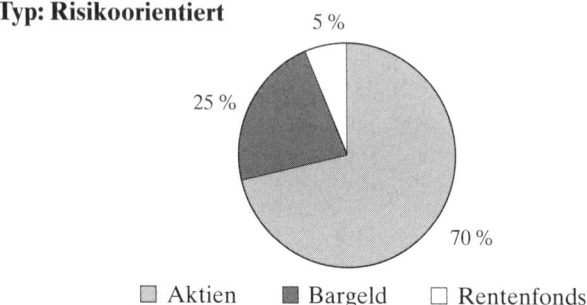

Hinweis: Auch für den risikoorientierten Typ gilt, den auf Aktien- und Rentenfonds cntfallenden Teil seines Vermögens auf verschiedene Fonds zu verteilen. Diesem Typ ist die Altersklasse von rund 35 bis 65 Jahren zugeordnet. Der Typ sucht die moderate Geldanlage und möchte eine risikoorientierte Mischung aus spekulativer und konservativer Geldanlage.

Typ: Konservativ

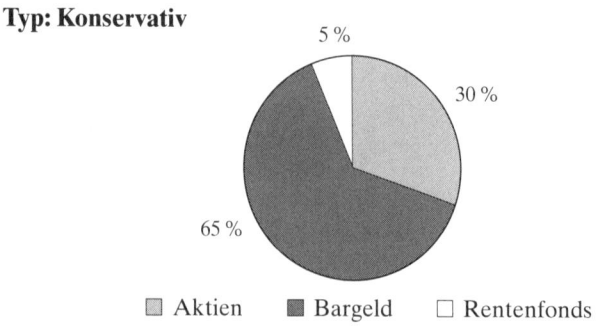

Hinweis: Legen Sie nur dann in dieser konservativen Form an, wenn Sie wirklich mehr Wert auf Kapitalerhalt und sichere Wertsteigerung legen als auf Vermögenszuwachs. Die Strategie des konservativen Typs eignet sich besonders für alle, die kurz vor dem Renteneintritt stehen, also rund ums Alter 65. Sind Sie dagegen zwischen 15 und 45 und dachten bislang, Sie seien konservativ veranlagt und müssten – vermeintlich – auf Nummer sicher gehen, dann ändern Sie diese Denkweise. Wer in jungen Jahren trotz ausreichend langer Spardauer nach der Aufteilung des konservativen Typs spart, spart sich auf Dauer arm oder verzichtet – im Gegensatz zur überwiegenden Anlage in Aktienfonds – auf einen großen Teil zusätzlichen Vermögenszuwachses.

2.

Die individuelle Risikoanalyse für Ihr persönliches Anlegerprofil

Die folgende Analyse hilft Ihnen, Ihr Anlegerprofil individuell zu bestimmen. Wie jede statische Analyse hat jedoch auch das folgende Risikoprofil Schwächen. So kann es sein, dass Sie trotz grundsätzlich konservativer, auf Sicherheit bedachter Geld-EIN-STELLUNG künftig Spaß an der Geldanlage in Aktienfonds finden. Möglicherweise waren Sie bislang nur auf Nummer sicher bedacht, weil Sie meinten, Aktienfonds seien ewas für Geldhasardeure. Daher mein Tipp: Erstellen Sie dieses Risikoprofil zweimal. Einmal jetzt, nachdem Sie bereits wichtige Kapitel rund um das Thema »Reich mit Aktienfonds« gelesen haben, und dann noch einmal zum Ende des Buches. Immer wieder kommt es dabei zu interessanten Ergebnissen. So kann es sein, dass Sie jetzt noch die Frage/Aussage »Ich bin nie ganz sicher, ob ich bei der Geldanlage ein Risiko eingehen oder lieber konservativ und sicher sparen will« mit »Trifft voll und ganz zu« ankreuzen. Dann jedoch, nachdem Sie die auf den nächsten Seiten beschriebenen Erfolgsgeheimnisse dieses Buches kennen, wissen Sie, dass Sie sich mit Aktienfonds auf lange Sicht sicher reich sparen. Sie werden also beim zweiten Mal womöglich »Trifft gar nicht zu« ankreuzen. Noch eines: Diese Risikoanalyse erübrigt sich, wenn Sie grundsätzlich bereits Ihre Entscheidung pro Aktienfonds gefällt haben und jetzt nur noch wissen wollen, welche Aktienfonds mit welcher Gewinnerstrategie für Sie in Frage kommen. Dann überspringen Sie einfach dieses Kapitel. Alle anderen, die sich noch unsicher fühlen, ob und in welchem Maß Aktienfonds das Richtige sind, sollten die Analyse nun ausfüllen:

Welcher Anlegertyp sind Sie?
Persönliche Risikoanalyse

	Nein	Ein wenig	Überwiegend	Stimmt voll und ganz
Ich trage die Verantwortung für meine Geldrisiken.	A	B	C	D
Bei Geld sind Fehlspekulationen typisch für mich.	A	B	C	D
Meine Ausgaben habe ich voll im Griff.	D	C	B	A
Mein Streben ist es, ständig den Gewinn zu erhöhen.	A	B	C	D
Ich spekuliere nicht, sondern spare konsequent.	D	C	B	A
Ich bin nie ganz sicher, ob ich bei der Geldanlage ein Risiko eingehen oder lieber konservativ, sicher sparen will.	D	A	C	B
Ich bin immer wieder aufs Neue risikobereit.	A	B	C	D
Bei Geldanlagen lockt mich der Gewinn, vor Verlust habe ich Angst.	D	A	C	B
Ich gehe leichtfertig mit meinem Geld um.	A	B	C	D

	Nein	Ein wenig	Über-wiegend	Stimmt voll und ganz
Ich spekuliere geschickt.	A	B	C	D
Alles, was Gewinn verspricht, versuche ich auszuprobieren.	A	B	C	D
Investieren ist mir weniger wichtig als Sparen.	D	C	B	A
Ich lege Geld an, um zu gewinnen.	A	B	C	D
Finanzielle Risiken sind nichts für mich.	D	C	B	A
Je höher das Risiko, desto eher verliere ich manchmal die Kontrolle.	D	A	C	B
Finanzielle Verluste halten mich nicht ab, neue (Geld-)Risiken einzugehen.	A	B	C	D
Kontrolle bei meinem Vermögens-aufbau ist das A und O.	D	C	A	B
Wenn ich den finanziellen Über-blick verliere, riskiere ich erst einmal kein Geld.	D	C	B	A
Ich behalte Gewinne und Verluste im Auge und weiß daher, ob ich unterm Strich einen Gewinn erziele.	A	D	B	C
Ich spekuliere nie ohne ein klares Ziel.	A	D	B	C

Auswertung

Für die Auswertung müssen Sie nichts weiter tun, als die An-zahl der **Buchstaben A bis D zusammenzuzählen**. Der am häu-figsten vorkommende Buchstabe kennzeichnet Ihre persönliche

Risikoklasse. Bitte beachten Sie: Diese Auswertung nimmt Bezug auf die mögliche Anlage in Aktienfonds. Im Mittelpunkt steht also die Frage, ob und wenn ja, welche Aktienfonds in welchem Maße für Sie in Frage kommen.

Ihr persönliches Ergebnis der Auswertung:

Ich bin Anlegertyp: _____
(bitte eintragen)

Anlegertyp A

Sie gehören grundsätzlich zum sicheren Anlegertyp. Ein langfristig stabiler Vermögensaufbau ist Ihnen sehr wichtig, Kursrückgänge sind nichts für Ihr Nerven. Tipp: Möglicherweise haben Sie Kursrückgänge bislang zu einseitig gesehen. Langfristig ist nämlich die Geldanlage in Aktien und damit auch in Aktienfonds unschlagbar. Selbst große Kurseinbrüche wie der Börsencrash 1987 ändern an dieser Aussage nichts. Wenn Sie auch nach Lektüre dieses Buches noch zum gleichen Anlegertyp gehören, dann sollten Sie Ihr Geld in einer ausgewogenen Mischung aus internationalen Rentenfonds und internationalen Aktienfonds anlegen. Denken Sie daran: Aktienfonds bleiben – wenn Sie die wichtigsten Erfolgsgeheimnisse beachten – auf lange Sicht ein zuverlässiger Weg zu Reichtum.

Anlegertyp B

Sie gehen zwar grundsätzlich auf Nummer sicher, kommen aber mit vorübergehenden Wertschwankungen bei Ihren Geldanlagen sehr gut klar. Außerdem wollen Sie für einen Großteil Ihres Vermögens bessere Renditen erzielen, als dies mit vermeintlich sicheren Geldanlagen, wie festverzinslichen Wertpapieren, der Fall ist. Tipp: Legen Sie einen kleineren Teil (wirklich einen kleinen Teil!) Ihres freien Vermögens oder Ihrer Sparraten in einem internationalen Rentenfonds an. Den größeren Teil streuen Sie auf international anlegende Aktienfonds, und mit einem weiteren kleinen Teil können Sie sich auch mal an die in Kapitel »Besondere Fondstypen«, Seite 83 ff. beschriebenen Spezialfonds wagen.

Anlegertyp C

Sie setzen vor allem auf Ertrag und Gewinn. Vorübergehende Verluste sind Ihnen egal, da Sie aus der Vergangenheit wissen, dass langfristig Verlustphasen immer gut überstanden wurden. Wegen Ihres Gewinndenkens sind Sie auch bereit, einmal überdurchschnittliche Risiken einzugehen. Dann allerdings nur für einen kleineren Betrag Ihres Vermögens oder Ihrer Sparraten. Für Sie kommen ausschließlich Aktienfonds in Frage. Sie sollten einen größeren Betrag Ihres Vermögens oder Ihrer Sparraten in international anlegende Aktienfonds investieren. Außerdem sind für Sie Spezialfonds interessant, beispielsweise Neuer-Markt-Fonds oder bestimmte Themen-, Länder- oder Branchenfonds.

Anlegertyp D

Sie wollen nur eines: Gewinnen. Zwischenzeitliche Verluste stecken Sie locker weg und machen sich deswegen keine Gedanken. Sie wissen, dass Sie hohe Gewinnchancen nur dann haben, wenn Sie auch bereit sind, vorübergehend hohe Risiken einzugehen oder auch mal einen richtig dicken Verlust hinzunehmen. Sie beschäftigen sich teils sehr intensiv mit den verschiedensten Anlagemöglichkeiten und haben auch schon die eine oder andere Gewinnerstrategie, beispielsweise die G&G-Gewinnerstrategie, selbst mit Erfolg angewandt. Tipp: Nutzen Sie die Chancen der Spezialfonds. Investieren Sie weiter nach der G&G-Gewinnerstrategie, also mit Geduld und Geld. Achten Sie jedoch darauf, dass Sie gemäß Ihrem privaten Finanzplan (vgl. Kapitel »Ihr ganz persönlicher Finanzplan und Ihr Traumkapital«) Ihr Existenzminimum nicht mit zu spekulativen Fondsanlagen erreichen wollen.

**Notizen, Anmerkungen für meine
persönliche Finanzplanung**

BESONDERE FONDSTYPEN

1.

Deutsche und internationale Aktienfonds: Was Fondssparer wissen müssen

Bei so genannten »Deutschen Aktienfonds« investiert das Fondsmanagement in deutsche Aktien. Damit ist die Anlagemöglichkeit eingegrenzt, und Aktienchancen im Ausland können nicht wahrgenommen werden. Auf der anderen Seite hängt der deutsche Aktienmarkt jedoch sehr von der Entwicklung der ausländischen Börsen, allen voran von der Entwicklung der US-Börse, ab. Fondsmanager bestätigen: Wenn die Wall Street (die amerikanische Börse) auf Talfahrt geht, dann zieht sie die deutsche Börse in der Regel mit. Bei steigenden Kursen gilt dies ebenso. Das bedeutet: Wenn Sie auf einen ausschließlich in deutsche Aktien investierenden Fonds setzen, lassen Sie sich womöglich internationale Anlagechancen entgehen, wenn es an internationalen Börsen mit den Kursen nach oben geht. Sinken jedoch die internationalen Börsen, allen voran wie gesagt die US-Börse, wirkt sich diese Entwicklung nachteilig auf die deutsche Börse und damit in der Regel auf in Deutschland anlegende Aktienfonds aus. Im Grunde genommen können Sie also gleich in international anlegende Aktienfonds investieren. Bitte verstehen Sie das als meine persönliche Anlageempfehlung. Natürlich haben auch deutsche Fonds teils hervorragende Anlageergebnisse erzielt. So lagen die Top-Ten-Fonds für den 1-Jahres-Vergleich per Mai 1997 zwischen 40 und über 50 Prozent Zuwachs. Vorsicht: Solche Ergebnisse sind Ausnahmeergebnisse besonders positiver Jahre.

Fondsmanager auf heimischem Boden kaum zu schlagen

Wer auf einen rein deutschen Aktienfonds setzen will, sollte diese alte Fondserfolgsregel beachten: Fondsmanager sind auf heimischem Boden kaum zu schlagen. Das bedeutet: Ein deutsches Fondsmanagement wird sich in Deutschland immer besser auskennen als beispielsweise eine japanische Fondsgesellschaft. Die deutsche Fondsgesellschaft verfügt durch gewachsene Strukturen und Verbindungen über ganz andere Informationsmöglichkeiten als es einer japanischen Fondsgesellschaft möglich wäre. Gleiches gilt auch für alle anderen Länderfonds (vgl. hier das Kapitel »Länderfonds«). Grundsätzlich sind heimische Fondsmanager bzw. Fonds einer heimischen Fondsgesellschaft im eigenen Land kaum zu schlagen. Eine japanische Fondsgesellschaft wird so auch bei japanischen Aktienfonds oft bessere Ergebnisse erzielen als eine deutsche Fondsgesellschaft und so weiter. Ein gutes Beispiel für die Gültigkeit dieser alten Fondserfolgsregel ist der oben genannte Vergleich der 1-Jahres-Ergebnisse vom Mai 1997. Beim Blick auf die damaligen Resultate fällt auf, dass es nur eine ausländische Fondsgesellschaft unter die Top Ten geschafft hatte. Alle übrigen waren deutsche Fondsgesellschaften, darunter Adig, Allianz, DIT (Dresdner Bank), DWS (Deutsche Bank), MK (Münchner Kapitalanlage), SMH (Schröder Münchmeyer Hengst), um die Spitzenreiter zu nennen (alphabetische Reihenfolge!).

Zurück zum Vergleich von auf ein Land beschränkter und international anlegender Aktienfonds. Grundsätzlich gilt: Wenn Sie Sparanfänger sind und sich zum ersten Mal mit der Investition in Aktienfonds beschäftigen, sollten Sie auf international anlegende Aktienfonds ohne Landesbeschränkungen setzen. Einer der Top-Fonds dieser Kategorie internationale Aktien ist der *Deutsche Vermögensbildungsfonds A*, ein Fonds der zur Deutschen Bank gehörenden Fondsgesellschaft DVB (Stand 2000). Klaus Martini, Manager des Deutschen Vermögensbildungsfonds A, erklärte am 5. Mai 1997 im Handelsblatt unter der Headline »PERFORMANCE / Internationale Aktien: DVB liegt vorn« seine Erfolgsstrategie: »Wir haben klare Vorstellungen über die Verteilung der Anlagegelder auf einzelne Länder und wählen dort wiederum die Titel einzeln aus.«

Dabei, so Martini, wird ein großer Teil der Anlagegelder in Blue Chips (so genannte Standardwerte) investiert, ergänzt um viel versprechende Einzelwerte. Im Mai 1997 waren im Deutschen Vermögensbildungsfonds A Werte aus Frankreich, Großbritannien, Schweiz und Skandinavien übergewichtet. Allein diese Mischung zeigt, wie Sie mit einer Investition in einen international anlegenden Aktienfonds optimal Ihr Geld streuen und letztlich zu vergleichsweise geringen Kosten auf internationaler Ebene an Aktienchancen teilnehmen können.

Auch andere Fondsgesellschaften bieten natürlich hervorragende international anlegende Aktienfonds. Fragen Sie Ihren, möglichst unabhängigen, Berater (vgl. Seite 223, Adressen und Informationen am Ende des Buches) nach einem Vergleich der besten international anlegenden Aktienfonds (vgl. Seite 223, Internet Infoadressen im Anhang!), und investieren Sie zunächst in einige der Spitzenfonds dieser Kategorie einen Großteil Ihres Vermögens. Meine Empfehlung: Erst nachdem Sie sich auf diese Weise einen Grundstock an internationalem Aktienfondsvermögen aufgebaut haben, kommt die Investition in nachfolgend beschriebene Fondstypen in Frage.

2.

Für wen sich Dachfonds eignen

Dachfonds, bei denen ein Fondsmanagement mehrere, möglichst erfolgreiche Fonds in einen übergeordneten Dachfonds (sozusagen einen Sammelfonds) verpackt, sind je nach Anlegertyp eine wirklich gute Wahl. Sie ersparen Ihnen, zwischen den mehreren zehntausend Fonds die richtigen, erfolgreichen Fonds selbst auswählen zu müssen. Allgemeine Vergleiche in Zeitungen oder Zeitschriften »Aktienfonds brachten im letzten Jahr durchschnittlich 25 Prozent Rendite« sagen nämlich nur wenig darüber aus, wie viel Sie mit Ihren gekauften Fonds tatsächlich verdient haben.

Ein Beispiel aus dem Bereich Branchenfonds für Technologie-, Telekommunikations- und Medienwerte, hier explizit die Deka-Telemedien:

Kalenderjahr 1997

Bester Fonds	63,0 Prozent
Schlechtester Fonds	0,8 Prozent
Deka-TeleMedien	38,5 Prozent

Kalenderjahr 1998

Bester Fonds	83,0 Prozent
Schlechtester Fonds	8,6 Prozent
Deka-TeleMedien	32,7 Prozent

Kalenderjahr 1999

Bester Fonds	241,5 Prozent
Schlechtester Fonds	79,5 Prozent
Deka-TeleMedien	87,4 Prozent

Wer als Sparkassenkunde oder auch über andere Wege den Sparkassenfonds Deka-TeleMedien erwarb, lag also zweimal im guten Mittelfeld, im Jahr 1999 jedoch mit auf den letzten Plätzen.

Dachfonds bieten eine simple Lösung: Der Fondsmanager eines Dachfonds kauft Anteile an den verschiedensten Investmentfonds. Diese Fonds innerhalb eines Dachfonds werden auch Ziel- oder Unterfonds genannt. Dachfonds waren in Deutschland lange Zeit nicht erlaubt, während sie im Ausland, insbesondere in Luxemburg, bereits seit Jahren erfolgreich Geld für Anleger verwalteten. Hintergrund für das Verbot in Deutschland war der legendäre Bernie Cornfeld. Cornfeld, ein ehemaliger Sozialarbeiter, wurde berühmt, indem er durch seine Firma IOS Anfang der siebziger Jahre rund eine Milliarde Mark von Anlegern kassierte, diese in Fonds investierte und mit den Fonds hin und her handelte. Die IOS ging Pleite, und die Anleger verloren einen großen Teil ihres Geldes.

Da die neuen Dachfonds strengen gesetzlichen Reglementierungen unterliegen, dürfen Sie sicher sein: Solche Pleiten sind heute nicht mehr möglich. Ihr Geld ist – wie bei allen übrigen in Deutschland zugelassenen Investmentfondskonstruktionen – sicher. Geeignet sind Dachfonds für alle Anleger, die bequem und langfristig – beispielsweise zur Altersvorsorge – sparen. Die Anbieter solcher Dachfonds bieten dabei in der Regel für jeden Anlegertyp etwas. Grundsätzlich werden drei Kategorien von Dachfonds unterschieden:

Kategorie A: sicherheitsorientiert

Hier wird nur ein geringer Teil, meist zwischen 0 und 20 Prozent, in Aktienfonds investiert. Der Großteil wird in Rentenfonds angelegt.

Kategorie B: ausgewogen

Wie zu erwarten, legt dieser Dachfondstyp sehr ausgewogen in Aktien- und Rentenfonds an. Beide Fondstypen werden etwa zu gleichen Teilen gemischt.

Kategorie C: renditeorientiert

Dieser Dachfondstyp ist für alle spekulativ orientierten Anleger gedacht. Aktienfonds überwiegen, nur ein kleiner Teil oder in Einzelfällen gar nichts wird in Rentenfonds angelegt.

Vorteile:

- Sie können jederzeit über die Tagespresse verfolgen, wie der Kurs des Dachfonds steht.
- Bereits ab 100 Mark kaufen Sie sich über Dachfonds sozusagen eine individuelle Vermögensverwaltung, wobei das Risiko auf verschiedene Zielfonds gestreut ist.
- Leistungsstarke Dachfonds bieten günstige Gebührenkonstruktionen. Die Begründung liegt auf der Hand: Anleger, die ihr Vermögen statt über verschiedene einzeln ausgewählte Fonds in einen Dachfonds investieren, sparen der Bank Zeit und Geld.
- Sie behalten leichter den Überblick über Ihre Fondsanlagen. Und Leser meines Buches »Systematisch reich« wissen: ÜBERblick ist wichtig für finanziellen Erfolg.

Nachteile:

Der Nachteil ist – wie oft bei Kapitalanlagen – die mangelnde Transparenz hinsichtlich der Kosten. Mit den folgenden drei Fällen befassten wir uns im Frühjahr 1999. Auch die Zeitschrift FINANZtest berichtete in ihrer Ausgabe 11/99 über diese drei Fälle von Gebührenschinderei:

Fall A: Eine Versicherung kassiert eine ungewöhnlich hohe Depotbankgebühr von bis zu 1,6 Prozent im Jahr. Üblich sind hier Gebühren zwischen 0,1 und 0,2 Prozent.

Fall B: Eine bekannte Bank nimmt auf den ersten Blick jährlich 1 Prozent Bearbeitungsgebühr. Diese Gebühr liegt durchaus im Rahmen des Üblichen. Wer genau hinsieht und nachliest, stellt jedoch fest, dass die betreffende Bank diese Verwaltungsgebühr auch auf 2 Prozent erhöhen kann.

Fall C: Eine Fondsgesellschaft lässt sich bei den Zielfonds ihrer Dachfonds eine besonders clevere Variante von Gebührenschinderei einfallen: Neben der Verwaltungsvergütung taucht im Prospekt plötzlich ein neuer Begriff auf: »Vertriebsvergütung«. Für diese Position hat der Anleger immerhin jährlich zwischen 0,4 und 0,6 Prozent zu berappen.

Diese drei Beispiele seien lediglich stellvertretend genannt. Es kann sein, dass die Gebührenstruktur der einzelnen Anbieter längst überarbeitet wurde. Für Sie gilt jedoch: Lassen Sie sich ausdrücklich alle Kosten hinsichtlich einer Geldanlage in Dachfonds nennen.

Ein weiterer Nachteil kann sein, dass eine Fondsgesellschaft in einen Dachfonds lediglich die Fonds der hauseigenen Gesellschaft hineinpackt. Damit ist eines sicher: Neben möglichen Top-Fonds der jeweiligen Gesellschaft kaufen Sie sich womöglich auch einen Flop-Fonds ein. Nur selten wird eine Fondsgesellschaft in allen Kategorien die besten Fonds haben. Von solchen Dachfondskonzepten ist meines Erachtens eher abzuraten. Die Begründung ist einfach: Längst gibt es Fondsangebote, bei denen die Fondsauswahl, insbesondere bei Dachfonds, nicht auf eine Gesellschaft beschränkt ist, so unter anderem das empfehlenswerte Modell der Advance-Bank und anderer Institute. Ein weiteres gutes Beispiel einer solchen Konzeption ist – neben vielen anderen – der Fonds *DWS BestSelect Global* der zur Deutschen Bank 24 gehörenden DWS-Fondsgesellschaft. Dieser Dachfonds wurde im Oktober 1999 aufgelegt. Das Konzept: Aus mehreren hundert in Deutschland zugelassenen Aktienfonds picken die Experten der DWS in Zusammenarbeit mit unabhängigen Experten außerhalb der DWS die Top-Fonds der Welt heraus. Die ausgewählten Top-Ten-Fonds waren im Frühjahr 2000 zum Beispiel:

> Oppenheim Euro Stoxx 50
> UBS Lux Equity Fund – Euro
> Fidelity Funds Euro Stoxx
> Mercury S. T. European Fund
> UBS Lux Equity Fund – Europe
> Fondamerika
> Fidelity Funds-America
> BB-Europa-Invest
> DWS Nordamerika
> DWS US Aktien Typ 0

Insgesamt waren im Frühjahr 2000 16 hauseigene DWS-Fonds im *DWS BestSelect Global* enthalten, wobei alle diese Fonds der Prüfung durch die externen Experten standhalten müssen. Dazu kommt: Der *DWS BestSelect Global* wird aktiv geführt. In mehrwöchigem Abstand wird die Zusammenstellung immer wieder angepasst, sodass letztlich die besten Fonds im Dachfonds enthalten sind.

Merke: Dachfonds können sich durchaus lohnen. In jedem Fall sollten Sie vor Kauf bei verschiedenen Banken nachfragen, ob die jeweils angebotenen Dachfonds unabhängig vom Interesse der hauseigenen Fondsgesellschaft tatsächlich die besten Fonds auswählen.

3.

Was Sie über Garantiefonds wissen müssen

Verlieren will niemand, gewinnen wollen alle. Die Mischung wäre natürlich phantastisch: hohe Gewinnchancen ohne Risiko. Das dachten sich auch einige Fondskonstrukteure und gaben ihrer neuen Idee einen Namen. GARANTIEfonds. Garantiefonds kommen vor allem immer dann in Mode, wenn die Stimmung an den Börsen unsicher ist. Wenn die Anleger gerne noch an möglichen Gewinnen partizipieren, auf der anderen Seite jedoch im Fall eines möglichen Kursrutsches kein Geld verlieren wollen. Betrachten wir uns einmal die Garantie solcher Garantiefonds näher. Gesichert sind in der Regel 100 Prozent des eingesetzten Kapitals, üblicherweise unter Abzug des bei Anlage fälligen Ausgabeaufschlags. Garantiefonds haben eine begrenzte Laufzeit, zum Ende wird das garantierte Kapital zurückgezahlt. Da die Fondsgesellschaften mit Sicherheit keine Fondskreationen auf den Markt bringen, bei denen sie unterm Strich draufzahlen, muss das Risiko für das Fondsmanagement abgesichert sein. Dies geschieht wie folgt: Die Anleger sind an möglichen Kursgewinnen nicht zu 100 Prozent beteiligt, sondern lediglich mit einem Anteil, der in der Regel zwischen 50 und 70 Prozent liegt.

Checkliste Garantiefonds

1. Finger weg von Garantiefonds mit verwirrenden und nur schwer verständlichen Formulierungen beim Partizipationssatz. Investieren Sie erst dann Ihr Geld, wenn Sie verstanden haben, welcher Anteil am Gewinn Ihnen gehört. Verlassen Sie sich nicht nur auf die Angaben Ihres Beraters, sondern lesen Sie selbst die entsprechenden Passagen im Emissionsprospekt.

2. Vorsicht vor so genannten Gewinnobergrenzen. Manche Garantiefonds nennen eine Obergrenze, bis zu der Sie maximal gewinnen können. Verlangen Sie in diesem Fall, dass Ihnen Ihr Berater umgerechnet auf die gesamte Laufzeit die jährliche Rendite nennt.

3. Denken Sie daran: Die Garantie bei diesem Fondstyp bezieht sich immer auf das Laufzeitende. Wenn Sie davor Ihre Fondsanteile verkaufen wollen, sind Verluste möglich.

Merke: Wenn Sie auf Nummer sicher setzen wollen, investieren Sie Ihr Geld besser in internationale Rentenfonds. Wenn Sie dagegen ausreichend Sparzeit vor sich haben und grundsätzlich davon überzeugt sind, dass Aktien und damit Aktienfonds auf lange Sicht unter Schwankungen steigen, dann wählen Sie für den Teil Ihres Vermögens, den Sie möglichst renditereich investieren wollen, direkt Aktienfonds. Vergessen Sie die Vorstellung, dass mit der Geldanlage in Garantiefonds der Anlegertraum schlechthin wahr wird: Hohe Renditen der Aktien(fonds)anlage kassieren, ohne das Risiko, Geld zu verlieren.

4.

Was bieten Mischfonds

Mischfonds sind im Grunde genommen eine geniale Konstruktion. Sie sind eine Mischung aus Aktien und festverzinslichen Wertpapieren und haben damit theoretisch den viel versprechendsten Ansatz. Denn: Im Gegensatz zu klar definierten Aktien- oder Rentenfonds haben die Fondsmanager freie Hand und können auf die verschiedenen Situationen an den Kapitalmärkten völlig frei reagieren. Die theoretische Konsequenz: Mischfonds müssten eigentlich Spitzenergebnisse erzielen – vorausgesetzt, die Fondsmanager sind Halbgötter und Börsenpropheten in Nadelstreifenanzügen. Da aber auch Fondsmanager auf Dauer Börsenentwicklungen nicht vorhersehen können, bleiben Mischfonds häufig nur theoretisch eine gute Wahl. Die Anforderungen an die Fondsmanager sind hoch: Weltweit muss immer wieder die möglichst optimale Konstellation aus Aktien, Renten und Festgeldern gefunden werden. In der Praxis ist trotz der eigentlich optimalen Voraussetzungen das Mischfondskonzept – neben einigen Fonds mit guten Ergebnissen – nicht besonders renditeträchtig.

Merke: Wenn Sie sich für einen Mischfonds entscheiden, sollten Sie in jedem Fall sehr sorgfältig die Ergebnisse einzelner Anbieter vergleichen oder sich diese von Ihrem Berater zeigen lassen. Wenn Sie zu denjenigen gehören, die sich die Fondsauswahl in eigener Regie zutrauen, gilt: Statt auf einen Mischfonds zu setzen, investieren Sie besser Ihr Geld in einzeln ausgewählte Aktien- und Rentenfonds. Wer hier aktiv investiert, erzielt nicht selten bessere Ergebnisse.

5.

Indexfonds:
Mit dem Trend gewinnen ...oder verlieren

Ein Index ist ein Gradmesser für den Aktienmarkt. Jeder Index bildet ein Wertpapierbündel ab, das im Vorfeld genau festgelegt wird. Manchmal trügt jedoch die Signalfunktion des Index. Nämlich dann, wenn einige wenige große Aktienwerte den Index in neue Kurshöhen treiben, die Masse der an der Börse notierten Aktien jedoch vor sich hindümpelt. So beispielsweise im Frühjahr 2000, als der Deutsche Aktienindex DAX ständig neue Kurshöhen erreichte, wobei dieser Aufschwung von lediglich vier großen Firmen, darunter beispielsweise Telekom und Siemens, gestützt wurde.

Indexfonds bestehen nur aus Aktien, die auch im jeweiligen Index enthalten sind. So gibt es Indexfonds beispielsweise auf den amerikanischen Index S&P 500, den deutschen Aktienindex DAX, den Londoner Index FTSE 100 oder auf den japanischen Index Nikkei 300. Der häufig genannte Grund für die Investition in Indexfonds: Die Masse der mit Mühe und viel Aufwand verwalteten Aktien- und Rentenfonds schlägt nur selten oder nie den Index. Im 5-Jahres-Vergleich 1992 bis 1997 beispielsweise gab es 71 deutsche Aktienfonds, von denen 52 schlechter abschnitten als der Indexfonds Oppenheim Dax-Werte. Im 3-Jahres-Vergleich 1994 bis 1997 gab es 91 deutsche Aktienfonds, von denen 75 Fonds oder über 80 Prozent der deutschen Fonds schlechter abschnitten als der bereits genannte Indexfonds. Fondsmanager herkömmlicher Aktien- und Rentenfonds haben also eigentlich nur eine Möglichkeit: Sie müssen ständig besser sein als der Markt, immer die klügeren Anlageentscheidungen treffen, um so eine »Mehrrendite« im Vergleich zur Marktentwicklung zu erzielen. Und selbst dann fressen die ständig anfallenden Kosten bei An- und Verkauf der Wertpapiere den (hoffentlich erzielten) Renditevorteil wieder auf. Diese Sichtweise führte Ende der achtziger Jahre in den USA zur Einführung der ersten Indexfonds. US-Anleger profitieren dabei von den geringen Kosten bei Indexfonds. Der Grund ist nachvollziehbar: Da ganze Stäbe teuerst bezahlter Fondsmanager entfallen, Indexfonds bilden schließlich stur den jeweiligen Index nach, können auch die Gebühren, insbesondere die dem Fondsmanagement überwiegend zustehende Verwaltungsgebühr, entfallen. Es gibt nichts zu analysieren, also braucht man auch keine kostspieligen Analysten. Dagegen sind Indexfonds in Deutschland noch verhältnismäßig teuer.

Tipp 1: Nach einem Kursrutsch an einer Börse kann sich der Einstieg in einen Indexfonds lohnen. Da Indexfonds im Gegensatz zu individuell gemanagten Aktien- oder Rentenfonds voll investiert sein müssen (der Index ist sozusagen ja auch stets voll investiert), ist die Kursentwicklung von Indexfonds bei Erholung nach einem Kursrutsch häufig am größten. Umgekehrt gilt: In Zeiten hoher Börsenkurse sind Indexfonds bei einem Kursrutsch am gefährdetsten. So warnte Marc Faber im September 1997 davor (zu Unrecht, wie wir heute wissen, aber grundsätzlich richtig), dass Anleger mit den beliebten Indexfonds, die mit Überlegenheit gegenüber gemanagten Fonds kokettierten, auf die hinteren Plätze abrutschen würden, sobald der Abschwung einsetzt. Selbst die Investmentgruppe Vanguard, noch 1997 in den USA Marktführer bei Indexfonds für Privatanleger, warnte im gleichen Jahr ihre Investoren vor diesem Risiko der Indexfonds. Damals schrieb Vanguard-Chairman John Bogle, dass »ganz sicher eine raue See kommen werde«. Susan Paluch, eine Analystin bei Morningstar Inc., meinte, dass es nun an der Zeit sei, in Fonds anzulegen, die nicht in die größten amerikanischen Werte (darunter die meisten Indexwerte) investierten.

Tipp 2: Egon Wachtendorf, ein »alter Fondsprofi« und zudem erfolgreicher Buchautor (vgl. Buchempfehlung Seite 225), warnt als Insider in seinem Buch »Kursbuch Investmentfonds« vor allem vor internationalen Indexfonds. Bei solchen Indexfonds sind in der Regel die Länder am stärksten gewichtet, die zuvor die höchsten Kurssteigerungen hatten. Damit ist auch die Rückschlaggefahr bei solchen internationalen Indexfonds am größten.

Merke: Indexfonds sind keine »Gewinngarantie-fonds«. Es ist keine Fondsvariante, bei der Sie problemlos und gedankenlos Geld investieren können, sondern Sie müssen über die oben beschriebenen Besonderheiten Bescheid wissen. Letztlich »wählen« Indexfonds automatisch und ohne einzelne Prüfung der Zukunftsaussichten Wertpapiere aus. Diese Besonderheiten müssen Sie kennen, bevor Sie in Indexfonds investieren.

6.

Neuer-Markt-Fonds: Der Fondsturbo

Wen reizt es nicht, am Neuen Markt zu spekulieren und innerhalb kurzer Zeit hunderte von Gewinnprozenten zu kassieren? Zuzusehen, wie aus 1000 Mark innerhalb weniger Wochen 6000, 7000 oder mehr Mark werden. Wenn es da nicht das Problem der Aktienauswahl gäbe... Gerade im Segment des Neuen Marktes kommt die Grundidee des Investmentfonds zum Zuge: RISIKO-STREUUNG! Wenn einzelne in einem Neuer-Markt-Fonds enthaltene Aktien hohe Kursverluste erleiden, sollen andere Papiere diese Verluste wieder wettmachen oder sogar fürs gesamte Engagement des Fondsanlegers im besten Fall noch einen Gewinn bringen. Dabei: Neuer-Markt-Fonds bleiben im Verhältnis zu klassischen Aktienfonds der anderen Börsenmärkte nur etwas für Investoren, die das grundsätzlich mit Wachstumswerten verbundene Risiko nicht scheuen. Auf Grund der teils hohen Kursschwankungen der Aktienwerte des Neuen Marktes kann es also auch passieren, dass ein völliger Flop-Wert die über Monate erzielten Gewinne zunichte macht. Es gilt also: Trotz Risikostreuung in dem Sinne, dass das Risiko der Einzelauswahl abgenommen wird, ist das Engagement in Neuer-Markt-Fonds kein bisschen weniger risikoreich als die Direktanlage in einzelne Werte des Neuen Marktes. Für die risikofreudigen Geldanleger sind jedoch Neuer-Markt-Fonds eine hohen Gewinn versprechende Anlagealternative, wie die Ergebnisse beispielsweise aus dem Jahr 1999 zeigen:

Turbo-Renditen mit Neuer-Markt-Fonds				
			Wertentwicklung in Prozent	
Fondsname	WKN	Fonds-gesellschaft	1999	Auflage bis Februar 1999
Invesco Neue Märkte	978409	Invesco	37	54
Uni Neue Märkte	988567	Union	24	70
EuroAction N.M.	988705	Union	17	33
Gontard IPO UI	979050	Universal	23	20
Quellenangabe: übernommen aus Börse Online 7/99, Zahlen gerundet				

In 1999 war dabei die Wertentwicklung der genannten Fonds schlechter als die des Index. Die Begründung liegt in den Fonds-richtlinien: Maximal zehn Prozent dürfen in einen Aktienwert investiert werden. Das bedeutet: Selbst wenn eine Aktie besonders viel versprechend ist, kann der Fondsmanager nicht überdurch-schnittlich in diesen Wert investieren, sondern ist gezwungen (Prinzip der Risikostreuung), auch andere Titel in den Fonds auf-zunehmen.

Fazit: Die Wachstumsausrichtung der Neuer-Markt-Fonds ver-spricht trotz zwischenzeitlicher Schwankungen auf lange Sicht große Gewinne. Diese Chance auf hohe Gewinne ist immer mit dem Risiko von möglichen Kursverlusten verbunden. Das eine – hohe Chancen – gibt es nicht ohne das andere – hohes Risiko. Wer dieses Risiko akzeptiert, sollte durchaus einen Teil seines Vermö-gens oder seiner freien Sparbeträge in solche Neuer-Markt-Fonds investieren. Dazu zwei Rechenbeispiele:

HINWEIS: Die folgenden Beispiele dienen lediglich zur Verdeutlichung des hohen, möglichen Vermögenszuwachses bei Anlage in Neuer-Markt-Fonds. Eine Anlageempfehlung ist hiermit nicht verbunden. Je höher die Gewinnchancen, desto höher ist das Risiko!

Mit 300 Mark monatlich Millionär in 20 Jahren

Mit der Kapitelüberschrift möchte ich Ihnen keine falschen Versprechungen machen, sondern die *theoretischen* Möglichkeiten aufzeigen, wie Ihr Geld für Sie arbeiten und wachsen kann. Bei den Renditeangaben in Tabelle 1 handelt es sich um Annahmen. Eine mögliche durchschnittliche Rendite in den genannten Größen gibt es nicht ohne zwischenzeitliche, teils erhebliche Schwankungen und vorübergehende oder auch realisierte Kursverluste. Denken Sie jedoch an Ihren persönlichen Finanzplan (vgl. Seite 195 ff.). In Stufe 3 Ihres Finanzplans können Sie durchaus, wenn

Tabelle 1

Musterberechnung für risikofreudige Fondssparer »Turbofaktor« für monatliche Sparrate			
Rendite pro Jahr	**Anlagedauer in Jahren**		
	10	15	20
10	200	398	718
14	247	560	1160
18	305	790	1900
22	377	1122	**3133**
26	467	1595	5180
© www.FINANZ-INSTITUT-Kloeckner.de, Angaben ohne Gewähr und nur für risikofreudige Anleger, Berechnung vor allen Kosten			

Sie zu den risikofreudigen Anlegern zählen, einen Teil Ihres Vermögens hochspekulativ investieren.

Mit diesen Werten können Sie sich nun Ihre individuellen Zahlen ausrechnen. Beispiel: Wenn Sie 300 Mark Spaßgeld in Neuer-Markt-Fonds mit dem damit verbundenen hohen Risiko anlegen wollen und Ihr Fonds durchschnittlich die hervorragende Rendite von 22 Prozent pro Jahr erzielt, haben Sie am Ende ein Vermögen von:

(Ihre Sparrate/Monat) mal (Faktor aus der Tabelle)
also
300 Mark mal Faktor 3133
=
940 000 Mark

Wie eine Einmalanlage von 50 000 Mark Ihnen in 20 Jahren rund 1,35 Millionen bringen kann

Was für Sparpläne in Neuer-Markt-Fonds gilt, trifft auch für Einmalanlagen zu. Risikofreudige Anleger haben hier – wenn es gut geht – die Chance auf satte Gewinne, wie die Tabelle auf Seite 99 zeigt. Mit Hilfe dieser Tabelle können Sie Ihre eigenen Gewinnchancen für jede Einmalanlage selbst ausrechnen.

Mit diesen Werten können Sie sich – wie bereits in Tabelle 1 – Ihre individuellen Zahlen ausrechnen. Beispiel: Wenn Sie 50 000 Mark Einmalanlage als Spaßgeld in Neuer-Markt-Fonds mit dem damit verbundenem hohen Risiko anlegen wollen und können und Ihr Fonds durchschnittlich die hervorragende Rendite von angenommen 18 Prozent pro Jahr erzielt, besitzen Sie am Ende ein Vermögen von:

Tabelle 2

Musterberechnung für risikofreudige Fondssparer »Turbofaktor« für Einmalanlagen		
Rendite pro Jahr	**Anlagedauer in Jahren**		
	10	15	20
10	2,6	4,2	6,7
14	3,7	7,1	14
18	5,2	12	**27**
22	7,3	20	53
26	10,0	32	102
© www.FINANZ-INSTITUT-Kloeckner.de, Angaben ohne Gewähr und nur für risikofreudige Fondssparer, Berechnung vor allen Kosten		

(Die Zahlen in der Tabelle stellen den Vervielfältiger dar.)

(Ihre Einmalanlage) mal (Faktor aus der Tabelle)
also
50 000 Mark mal Faktor 27
=
1 350 000 Mark

Merke: Neuer-Markt-Fonds sind ein geeigneter Aktienfondstyp, wenn Sie mit einem Teil Ihres Vermögens oder Ihrer Investitionen auf Wachstum und hohe Renditechancen setzen wollen. Dabei gilt: Die Gewinnchancen sind größer, aber auch das Risiko! Investieren Sie nur solche Geldbeträge, auf die Sie, wenn es schief geht, gegebenenfalls verzichten können.

7.

Länderfonds und Regionalfonds:
Der richtige Zeitpunkt entscheidet

Wie der Name schon sagt, legen diese Fonds das Fondsvermögen der Sparer in bestimmten Ländern oder Regionen an. Beispiele:

Länder	Frankreich
	Japan
	Italien
	usw.
Regionen	Südostasien
	Südamerika
	usw.

Die Gewinnchancen für die Geldanlage in diesen Spezialfonds sind prima, aber die Risiken sind ebenfalls groß. Als 1990 die japanische Börse einbrach und Anleger Milliarden verloren, sank auch so mancher Länderfonds Japan um 50 Prozent und mehr. Es gilt also: Nur wer zum richtigen Zeitpunkt den richtigen Länder- oder Regionalfonds erwischt, gewinnt. Wer zum falschen Zeitpunkt einsteigt, riskiert möglicherweise erhebliche Verluste. Damit wird deutlich, dass sich Länder- und Regionalfonds nur für Anleger mit starken Nerven eignen. Darüber hinaus sind sie für Anleger geeignet, die sich mit der Wirtschaftsentwicklung eines bestimmten Landes, einer bestimmten Region auskennen. Auch wenn Sie mit einem Teil Ihres Vermögens ganz bewusst spekulieren wollen, können diese Spezialfonds interessant sein. Nehmen wir den Zeitraum 1998/1999. Langsam nahmen die Aktienkurse japanischer Unternehmen wieder Fahrt auf. Wer zu diesem Zeitpunkt einstieg, konnte sich über satte Kursgewinne freuen. Durch den Absturz im Jahr 1990 und die folgende schwache Börsenphase litt jedoch trotz der hervorragenden 1-Jahres-Gewinne per 31. 1. 2000 auch das 10-Jahres-Ergebnis:

Länderfonds – Beispiel Japan – Gewinnerfonds			
Fondsname	Wertentwicklung (in Prozent gesamt)		
	1 Jahr	10 Jahre	Fondsgesellschaft
Fleming FF Japanese	214	125	Fleming FF, Frankfurt
Gartmore CSF Japan	133	87	Gartmore, Frankfurt
Threadneedle Japan Gth 1	131	86	Threadneedle, Swindon, GB
© www.FINANZ-INSTITUT-Kloeckner.de			

Im Falle der Anlage in den Fleming FF Japanese sieht das Ganze trotz des japanischen Börsencrashs in 1990 gar nicht so schlecht aus. Die Rendite pro Jahr lag für die Einmalanleger des Fleming FF Japanese immerhin bei über acht Prozent. Und der in der Tabelle nicht aufgeführte Spitzenreiter war Fondsmanager Masato Kawada von der Investmentgruppe Invesco. FINANZEN, das Wirtschaftsmagazin für erfolgreiche Kapitalanleger, widmete ihm im Frühjahr 2000 eine große Story. Immerhin hatte Kawada mit 549 Prozent in einem Jahr die höchste Wertentwicklung erzielt, die je ein in Deutschland zugelassener Publikumsfonds bis dahin erzielt hatte. Es handelte sich um den Aktienfonds Japan GT Japan Enterprise. Doch selbst Kawada war es wichtig, keine zu großen Hoffnungen zu wecken. Für das Jahr 2000 setzte er selbst sein Renditeziel mit 20 Prozent an. Mancher Anleger verlor jedoch selbst in diesem 10-Jahres-Zeitraum ein beträchtliches Vermögen, wie die folgende Liste der Verliererfonds zeigt:

Länderfonds – Beispiel Japan – Verliererfonds			
Fondsname	Wertentwicklung (in Prozent gesamt)		
	1 Jahr	10 Jahre	Fondsgesellschaft
Citi PF Japanese Equity	87	– 34	Citi Asset Management, Luxemburg
Baring IUF Japan	51	– 14	Baring, Frankfurt
Baring Japan Growth	55	– 2	Baring, Frankfurt
© www.FINANZ-INSTITUT-Kloeckner.de			

Wer also vor zehn Jahren 100 000 Mark in den Citi PF angelegt hatte, besitzt heute noch 66 000 Mark. Ein Ergebnis, das – insbesondere nach zehn Jahren Laufzeit – weh tut.

Merke: Die Zahlen, insbesondere der japanischen Länderfonds, zeigen: Sind Sie ein nervenschwacher Geldanleger und haben Sie noch keinen Grundstock an Vermögen in international anlegenden Aktienfonds aufgebaut, heißt es, Finger weg von Länder- und Regionalfonds. Erst wenn Sie über ein bestimmtes Grundvermögen und ausreichende Kenntnisse zu einem Land oder einer Region verfügen, sollten Sie in Länder- und Regionalfonds investieren.

8.

Umweltfonds und Ökofonds:
Geldanlage mit gutem Gewissen

Vorab: Umweltfonds ist nicht gleich Umweltfonds. Es gibt drei Kategorien:
- Öko-Effizienzfonds
- Grün-ethische Fonds
- Umwelttechnikfonds

Was ist der Unterschied, und wie lohnenswert ist die Geldanlage in Umweltfonds?

Unter Öko-Effizienzfonds versteht man solche Fonds, die in das jeweils umweltverträglichste Unternehmen eines Wirtschaftszweiges investieren. Es gibt also keine oder kaum Negativkriterien. Das Geld fließt auch in Branchen, in die ein rein grün-ethischer Fonds nicht anlegen würde. Schwerpunkt dieser Öko-Effizienzfonds sind gewissermaßen die »Öko-Leader«. Selbst eingefleischte Umweltaktivisten unterstützen die Ausrichtung auf die Öko-Effizienz unabhängig von der Branche. Denn: Dadurch, dass die Fondsmittel in große Unternehmen, eben die Öko-Leader, fließen, stellt das wiederum einen Anreiz für die betreffenden Unternehmen dar, Öko-Leader zu bleiben. Auf diesem Weg wird der Umwelt auch indirekt am meisten geholfen. Ziel der Öko-Effizienzfonds ist es, den Energie- und Ressourcenverbrauch je Wertschöpfung zu verringern.

Reine grün-ethische Fonds investieren dagegen in ein Unternehmen nur dann, wenn dieses nicht gegen die strengen Ausschlusskriterien verstößt. So hieß es vom Initiator des Fonds Ökovision (WKN 974968), der von der Ökobank und Versiko im Mai 1996 aufgelegt wurde, dass er nur in Firmen investiere, die »Pionierarbeit für eine Ökologisierung und Humanisierung der Wirtschaft leisten«. Damit kann bei grün-ethischen Fonds durchaus ein Unternehmen herausfallen, das für Öko-Effizienzfonds hochinteressant ist.

Die Umwelttechnikfonds investieren in Unternehmen der klassischen Umweltbranche. Hierbei handelt es sich häufig um Unternehmen, die ihren Schwerpunkt in der Beseitigung bereits entstandener Schäden sehen. Diese reinen Umwelttechnikfonds mit ihrem sozusagen nachgelagerten Umweltschutz verlieren jedoch ein wenig an Bedeutung:

Tipp: Das schnelle Geld ist üblicherweise mit Umweltfonds nicht zu machen. Wer hier investieren will, der sollte Geduld mitbringen und realistische Renditeerwartungen. Anleger, die ausschließlich auf Top-Renditen aus sind, finden bessere Fonds. Vor Auswahl eines Umweltfonds kann der Vergleich mit dem »Natur-Aktien-Index« (NAX) sinnvoll sein. Die Renditeergebnisse der einzelnen Umweltfonds sind teilweise äußerst unterschiedlich. Dieser »Natur-Aktien-Index« wurde im April 1997 vom Wiener Fachblatt »Öko Invest« und der Münchner Zeitschrift »Natur« geschaffen.

Grundsätzlich empfehlenswerte Umweltfonds aus meiner Sicht sind:

- KD Fonds Oeko Invest (WKN 971682)
- CS EF(Lux)-Oeko-Protec B
- UBS Eco Performance (WKN 987076)
- Luxinvest OekoLux (WKN 971898)

(Hinweis: WKN = Wertpapierkennnummer. Auch hier gilt: Unter Aktien/Themen/Ökologie finden Sie im Internet unter www.micropal.de oder www.SundP.de wertvolle Informationen zu dieser Fondskategorie. Sie erreichen micropal.de auch über www.FINANZ-INSTITUT-Kloeckner.de.)

9

Technologiefonds:
Rendite mit der Zukunft

Schwerpunkt der Technologiefonds (Branchenfonds) sind derzeit Internetpapiere. Ein weiteres Hauptaugenmerk liegt im Bereich der PC- und Halbleiterproduzenten. Technologiefonds sind für alle diejenigen gedacht, die auf die Zukunft setzen und an der Zukunft – mit den damit verbundenen Risiken – teilhaben wollen. Die Renditen können sich dabei sehen lassen, wobei in einzelnen Anlagejahren der Renditeunterschied von Fonds zu Fonds erheblich ist. Spitzenreiter waren beispielsweise vom 1.1.98 bis 4.6.99 Nordinternet (WKN 978530) mit 225,7 Prozent Wertzuwachs oder UBS E. I. Technology (WKN 987607) mit 107,5 Prozent Wertzuwachs. Die übrigen Technologiefonds inklusive der großen deutschen Fondsgesellschaften lagen dagegen zwischen 60 und 70 Prozent Wertzuwachs.

Tipp: Technologiefonds sind etwas für risikofreudige Anleger, die einerseits Top-Renditen wollen, andererseits aber auch das mit diesen Top-Renditen verbundene Risiko tragen können.

10.

Rohstofffonds:
Schwarzes Gold und anderes mehr...

Rohstofffonds kommen für Anleger in Frage, die bereits ihren Grundstock an international investierenden Aktienfonds und dem einen oder anderen Sonderfonds haben. Nicht selten liegen bei diesem Fondstyp die reinen Energiefonds weit vorne. Spitzenreiter dieser Fondskategorie waren in der Vergangenheit *Energie Valor* der Fondsgesellschaft Credis (WKN 970297) sowie der *DWS-Energiefonds* der Fondsgesellschaft DWS (WKN 847413). Rohstofffonds haben nach Meinung der Experten durchaus Zukunft. Allein die Nachfrage nach dem schwarzen Gold wird erheblich steigen. Bevölkerungsreiche Länder wie Indien verbrauchen derzeit lediglich rund einen Liter Öl pro Kopf und Tag. Käme es hier zu einer Verdoppelung, würde die Nachfrage immens steigen.

Schwierig ist bei Rohstofffonds der Vergleich mit dem MSCI-Index für Rohstoffaktien. Dieser Vergleichsindex setzt sich zusammen aus jeweils rund einem Drittel Energiequellen, Nichteisenmetallen und Goldminen. Und auch der Renditenvergleich der Fonds untereinander ist schwierig: So gibt es für unterschiedliche Fonds unterschiedliche Vorgaben. So zum Beispiel bis Juli 1997 für den Fonds *Spezial II* (Bankhaus Oppenheim). Die Vorgabe hier lautete: Rund die Hälfte muss in Gold investiert werden. Der fallende Goldpreis machte der Rendite einen dicken Strich durch die Rechnung. Anschließend wurde die Vorgabe für Gold auf 30 Prozent reduziert.

Tipp: Rohstofffonds sind etwas für Insider. Der Grund: Alle Rohstofffonds müssen mit dem Phänomen leben, dass Kunden bei Rohstofffondskäufen wie auch insbesondere -verkäufen nur wenig analytisch handeln. Sinkt beispielsweise der Goldpreis, verkaufen Fondsbesitzer auch schnell Anteile ihrer Rohstofffonds, selbst wenn diese kaum Gold halten. Der Verkauf vieler Anleger führt wiederum zu sinkenden Preisen, diese wieder zu mehr Verkäufen. Eine solche Abwärtsspirale hatte beispielsweise das Fondsmanagement des *PEH-Universal-Fonds Miro* Anfang 1997 erfasst. Das Fondsvermögen sank innerhalb eines Jahres von über 25 Millionen Mark auf zehn Millionen zum Stichtag 30. 6. Die Fondsmanager waren hier gezwungen, in einen fallenden (Gold-) Markt zu verkaufen.

Merke: Nutzen Sie Rohstofffonds daher nur zur Abrundung Ihres gesamten Fondsdepots, und auch nur dann, wenn Sie sich eine eigene Meinung über den Rohstoffmarkt gebildet haben.

11.

Schwellenländerfonds:
Nicht wenige Fondsmanager scheitern

Ende September 1998 berichtete das Handelsblatt: »Schwellenländerfonds / Zweistelliges Minus – Fondsmanager geben auf«.

Manche Fonds hatten im Vorfeld in 1998 bis zu 40 Prozent und
mehr verloren. Die Rückschläge an den Märkten in Asien, Russland und Lateinamerika hatten allein im dritten Quartal riesige
Verluste von bis zu 30 Prozent gebracht. Damals wurde die Auflösung des *Developing Countries Fund* bekannt gegeben, in Liquida-
tion befand sich bereits der *Latin America Smaller Companies
Fund*, mit 25 Millionen US-Dollar gemanagt von der American Ex-
press Asset Management International Inc. Das Fatale war und ist
auch das weiterhin größte Risiko: Solche Kurseinbrüche wie 1997
drücken nicht nur die Rendite eines laufenden Jahres, sondern kosten darüber hinaus im Extremfall einen großen Teil des in den Jahren zuvor angesammelten Vermögens. Das Unternehmen Bloom-
berg untersuchte die Renditen von Schwellenländerfonds und kam
zu verheerenden Ergebnissen: Nur 14 von 151 untersuchten Fonds
hatten eine Leistungsbilanz von mehr als fünf Jahren, und von diesen 14 Fonds hatten wiederum nur zwei Fonds über den gesamten
Zeitraum hinweg positive Renditen. Dabei ist, ein gutes Timing
und ein gutes Fondsmanagement vorausgesetzt, die Investition in
Schwellenländerfonds grundsätzlich für risikofreudige Anleger interessant. Bei diesem Fondstyp profitieren Sie besonders bei Auf-
wärtsbewegungen von den hervorragenden Marktkontakten der
Fondsmanager. Diese haben »das Ohr am Markt« und so einen In-
formationsvorsprung, von dem Sie über den Fondskauf ebenfalls
frühzeitig profitieren. Dabei gilt: Achten Sie darauf, dass ein Fonds-
management/Fondsmanager wirklich einzelne Schwerpunkte betreut. Ist ein Analyst bzw. ein Fondsmanager für eine Region zu-
ständig, ist dieser Ansatz in der Regel viel versprechender, als wenn
mal Südamerika, mal Brasilien, mal Thailand und dann wieder andere Länder unter die Lupe genommen werden.

Merke: Schwellenländerfonds sind erheblichen Schwankungen ausgesetzt und nur etwas für Anleger mit sehr starken Nerven oder solche, die auf Grund guter Fachkenntnis sich ein eigenes Timing für einzelne Schwellenländer und deren wirtschaftliche Entwicklung zutrauen. Für alle anderen sind Schwellenländerfonds lediglich eine spekulative Beimischung für das gesamte Fondsdepot, und auch nur dann, wenn der Grundstock mit international anlegenden Aktienfonds abgedeckt ist.

12.

Nebenwertefonds:
Unübersichtliche Vielfalt, aber chancenreich

Nebenwerte werden auch Small Caps genannt. Small Caps, also kleinere Werte bzw. niedrig kapitalisierte Werte, haben das Problem, dass sie stark von der Entwicklung der so genannten Standardwerte, der Blue Chips, abhängen. Der Hintergrund ist einfach nachvollziehbar: Wenn Anleger in der Masse auf Standardaktien setzen, bleibt wenig oder weniger Geld für die Anlage in kleinere Nebenwerte. 1997 lag die Entwicklung der Nebenwerte im Indexvergleich über 20 Prozent hinter dem deutschen Aktienindex DAX, 1998 um rund 14 Prozent. Ausnahmen gibt es allerdings auch am Markt der Nebenwertefonds immer wieder. So lag die Rendite des *Unionfonds EuroAction N.M.* in den ersten sieben Monaten 1999 bei stolzen 42 Prozent.

Tipp: Nebenwertefonds bieten sich zur Streuung des eigenen Vermögens an. Trotz Sonderentwicklungen wie durch den Boom am Neuen Markt, sollten Sie jedoch nicht zu viel Geld in solchen Fonds anlegen. Über lange Zeiträume hängen die größeren Aktien meist die kleineren ab. Nebenwertefonds können nicht immer mithalten.

13.

Osteuropafonds:
Himmelhoch jauchzend – zu Tode betrübt

Besitzer von Osteuropafonds müssen Schmerzen ertragen und mit Verlusten leben können. Immer wieder gibt es nach boomenden Zeiten Überraschungen, die kein Fondsmanager vorhersehen kann. So beispielsweise 1998 in Zusammenhang mit der Russlandkrise. Damals ging die Meldung herum: Russland ist pleite. Manchem Manager eines Osteuropafonds, der zu lange an riskanten russischen Aktien festgehalten hatte, wurde damals mulmig. Der damalige Fleming-Fondsmanager Stefan Böttcher ging sogar so weit und schrieb die Russlandanteile der *Fleming Eastern European Fund* vollständig ab. Noch schlimmer traf es vorübergehend Anleger des Schweizer Osteuropafonds *Pictet Eastern Europe*. Da 15 Prozent des Fonds durch die Russlandkrise nicht mehr bewertbar waren, musste der Fonds entsprechend den Regelungen der Schweizer Aufsichtsbehörde vollständig schließen.

Merke: Auch diese Fonds sind lediglich eine Möglichkeit der Risikostreuung und auf keinen Fall etwas für Anleger mit schwachen Nerven.

14.

Biotechnologiefonds:
Kursphantasie und Zukunft

Der Chemie-Nobelpreisträger Robert Curl hat mit einem Satz die Zukunft der Biotechnologie und damit auch der entsprechenden Fonds zusammengefasst: »Dieses Jahrhundert war das Jahrhundert der Chemie und der Physik. Aber es ist ebenso klar, dass das nächste Jahrhundert das Jahrhundert der Biologie sein wird.«

Die guten Gewinnaussichten der Biotechnologie sind unbestritten. Manche Börsengurus sind davon so überzeugt, dass sie bereits die Ära des Internets zu Ende erklären und den Beginn der Ära der Biotechnologie ausrufen. Tatsache ist: Der Markt der Biotechnologie boomt wie nie zuvor, die Produkte der Biotechnologie werden bei steigendem Bedarf immer stärker gekauft. Neue Medikamente stehen an gegen Krankheiten wie Krebs, Alzheimer und andere. Der wachsende Anteil der Alten in unserer Bevölkerung verstärkt die ohnehin große Nachfrage. Experten schätzen den Anteil der Biotech-Medikamente für das Jahr 2010 auf weit über 50 Prozent. Zum Vergleich: 1995 noch lag der Anteil bei rund fünf Prozent. Die Biotechnologie gilt zweifellos als so genannte Schlüsseltechnologie für das 21. Jahrhundert. Weltweit sind hunderte neuer Biotech-Medikamente in der Vorbereitung. Die Investition in Einzelwerte ist bei allem »Boommarkt« jedoch nur etwas für wagemutige Anleger mit stärksten Nerven. Denn nicht selten konzentrieren sich einzelne Unternehmen so lange auf Forschung und Entwicklung, bis sie kurz vor der Pleite stehen. Die Entwicklung eines Medikaments braucht in der Regel bis zu zehn Jahren. Damit ist der Biotechnologiemarkt bestens geeignet für die Geldanlage über Aktienfonds. Denn: Die Chancen sind unbestreitbar riesig, lediglich die Gefahr bei Einzelauswahl ist groß. Wer also an den Chancen teilhaben und gleichzeitig das Risiko der Einzelauswahl beschränken möchte, für den sind Biotechnologiefonds erste Wahl. Maßgeblich hängt der Fondserfolg dabei von der Qualität des Fondsmanagements ab. Mit dessen Auswahl der einzelnen Aktientitel steht und fällt die Rendite.

Merke: Biotechnologiefonds gehören nach einem ersten Vermögensaufbau über international anlegende Aktienfonds unbedingt in Ihr Fondsdepot. Wie groß der Anteil ist, hängt von Ihrer Risikobereitschaft ab. Biotechnologie ist ein Wachstumsmarkt, der gleichzeitig, da sehr technologielastig, in Einzelfällen großen Kurssprüngen ausgesetzt sein kann.

15.

Themenfonds: Vom Megatrend bis zur Geldvernichtung

Wie der Name schon sagt, handelt es sich um Fonds, die – anstatt zum Beispiel in Länder oder Branchen – in bestimmte Themengebiete investieren. Ob Internet, Multimedia oder etwas exotischere Themen wie Sport oder was gerade »in« ist und den Geldzufluss von Anlegern verspricht. Themenfonds sind auf den ersten Blick verlockend, manchmal grenzen sie jedoch an Geldvernichtung. So gab es bereits in der Vergangenheit Fonds, die zum Beispiel auf das Thema »Jugend & Konsum« setzten, weil angeblich Jugendliche immer häufiger Sporthosen und Turnschuhe tragen. Die Fondsmanager rechneten mit großen Gewinnchancen der Unternehmen, die in diesem Bereich tätig waren. Hier riskieren Sie jedoch schnell Ihr investiertes Kapital. Denn genauso schnell wie Trends kommen, verschwinden sie auch manchmal. Und Themenfonds haben einen weiteren Nachteil: Bis ein Trend sich abzeichnet, der Themenfonds aufgelegt ist und vertrieben wird, kann – wenn es sich um keinen Megatrend handelt – der Trend bereits längst den Höhepunkt überschritten haben. Ist dann der vermeintliche Trendmarkt gelaufen, wird selbst ein noch so gutes Fondsmanagement aus dem entsprechenden Fonds keinen Renditerenner mehr machen können.

Tipp 1: Setzen Sie auf Themenfonds nur dann, wenn Sie bereits einen Grundstock an anderen Fonds, insbesondere auch an international anlegenden Aktienfonds besitzen.

Tipp 2: Achten Sie darauf, dass der von Ihnen ausgewählte Themenfonds ein klar definiertes Anlageziel hat.

Tipp 3: Setzen Sie in jedem Fall auf einen so genannten Megatrend.

Merke: In die verschiedenen Fondsvarianten sollten Sie dann entsprechend Ihres persönlichen Risikoprofils investieren, wenn Sie entweder einen Teil Ihres bereits vorhandenen Vermögens oder einen Teil Ihrer Sparraten in einen international anlegenden Aktienfonds investiert haben. Setzen Sie selbst dann bei den verschiedenen Fondsvarianten niemals alles auf eine Karte, sondern streuen Sie Ihr Geld auf die unterschiedlichen Varianten. Ausgenommen sind die Fondsvarianten, die ich persönlich als unsinnig ansehe, wie beispielsweise Garantiefonds.

16.

Altersvorsorge-Sondervermögen: Aktienfondssparen »light«

Auf diese besondere Form von »Aktien«-Fonds möchte ich der Vollständigkeit halber ebenfalls eingehen. Altersvorsorge-Sondervermögen, kurz auch AS-Fonds genannt, sind kein reiner Aktienfondstyp, sondern vielmehr eine Mischung aus Immobilien, Rentenpapieren und Aktien. Bei der Konzeption der AS-Fonds orientierte man sich an angloamerikanischen Pensionsfonds. Diese legen einen großen Teil des Fondsvermögens in Aktien, einen geringeren Teil in Grundstückswerte an. Das bedeutet:

Die Anlegergelder sind substanzorientiert angelegt (vgl. Kapitel »Sachwerte gegen Geldwerte«). Untersuchungen von 1983 bis 1993 zeigen: Länder, deren Pensionsfonds nur unterdurchschnittlich in Aktien und Grundstücke investieren (weniger als ein Drittel), erzielten lediglich Erträge bis maximal acht Prozent im Jahr. Angloamerikanische Pensionsfonds (überwiegend Investition in Substanzwerte) lagen regelmäßig über acht Prozent. Dabei gelten für AS-Fonds folgende Anlagegrenzen für die drei genannten Anlagemöglichkeiten:

Aktien	21 bis max. 75 Prozent
Rentenpapiere	0 bis max. 49 Prozent
Grundstückswerte	0 bis max. 30 Prozent

Durch die Mischung der drei Anlagemöglichkeiten Immobilien, Rentenpapiere und Aktien soll eine möglichst hohe Sicherheit mit möglichst großem Ertrag kombiniert werden. Sozusagen der Wunschtraum eines jeden Anlegers. Die meisten Fondsgesellschaften bieten verschiedene AS-Fonds-Varianten an. Varianten, bei denen mal der Aktienanteil überwiegt (hier spricht man auch von dynamischen Varianten), mal der Anteil festverzinslicher Wertpapiere. Es gibt auch ausgewogene (neutrale) Varianten, bei denen Sicherheit und Risiko in einem neutralen Verhältnis stehen. Diese unterschiedlichen Varianten erschweren den Vergleich der AS-Fonds, und das ist auch ein Problem für Sie als Anleger. Nehmen wir einmal die 1-Jahres-Ergebnisse der dynamischen AS-Varianten. Stand Ende Januar 2000 schwanken diese zwischen knapp 29 Prozent bis über 80 Prozent Wertzuwachs in zwölf Monaten. Ob aber die Spitzenreiter sich behaupten können, muss sich erst noch zeigen.

Merke: AS-Fonds sind in der Zusammensetzung etwas Neues und sicherlich eine für die langfristig sichere, breit gestreute Altersvorsorge interessante Fondsvariante. Dadurch, dass der Aktienanteil jedoch beschränkt ist, ist es sozusagen Aktienfondssparen »light«. Solange AS-Fonds keine besonderen steuerlichen Zusatzanreize bieten, können Sie auch einfach den Teil Ihres Geldes, den Sie risikofreudig anlegen wollen, in einen international anlegenden Aktienfonds investieren und den Teil, den Sie konservativ sicher verwahren wollen, in einen ausgewählten offenen Immobilien- oder Rentenfonds. Der Vorteil bei dieser Einzelanlage in ausgewählte Fonds ist: Hier stehen Ihnen bereits verlässliche Renditezahlen über viele Jahre zur Verfügung. Wer es dagegen bequem mag, der kann durchaus auf die AS-Spitzenreiter setzen, wobei Gewinner hier langfristig AS-Fonds mit einem hohen Anteil an Aktieninvestition wählen sollten.

**Notizen, Anmerkungen für meine
persönliche Finanzplanung**

GELDGESETZE UND ERFOLGSREGELN
DER GEWINNER

1.

Warum kurzfristige Gewinngier
gefährlich ist

Ihm war materieller Erfolg einfach zu wichtig.
Ich kann Ihnen sagen, das ist Narrengold...
Ted Turner (zum Tod seines Vaters)

Die Ergebnisse der Investmentfonds aus guten Jahren liegen – je nach Anlageschwerpunkt – schnell in einer Bandbreite von zehn bis 30 Prozent. Diese Renditen aus guten Jahren machen natürlich gierig. Bei 30 Prozent rechnen nicht wenige nach, dass sie – inklusive Zins und Zinseszins – weniger als drei Jahre benötigen, um ihr Geld zu verdoppeln. So sehr diese Rechnungen des persönlichen Reichwerdens in guten Anlagejahren stimmen, so sehr kann man danebenliegen, wenn in schlechten Jahren die Renditen stark sinken. Je kürzer dabei die geplante Anlagedauer, je schneller Sie also innerhalb kurzer Zeit reich werden wollen, desto gefährlicher.

Fazit: Vertrauen Sie auf das langfristige System der auf Gewinn ausgerichteten Aktiengesellschaften. Zügeln Sie Ihre kurzfristige Gewinngier. Lassen Sie sich auch nicht von denjenigen blenden, die behaupten, sie hätten den »Stein der Weisen« gefunden und wüssten, wie man Gewinne erzielt. Bei allen Chancen, die Aktien und damit auch Aktienfonds bieten, ist es bislang noch keinem wirklich gelungen, Entwicklungen des Aktienmarktes vorherzusehen. Selbst Profis liegen jedes Jahr mit ihren Einschätzungen zur künftigen Entwicklung völlig fern der dann eintretenden Realität. Eine von Todd Barnhardt in seinem hervorragenden Buch »Die 5 Schritte zu Reichtum« genannte Studie der University of Michigan bestätigt eindrucksvoll, wieso Sie langfristig auf

Aktien und damit auch Aktienfonds setzen sollten und wieso kurzfristige Gewinngier für Ihren Vermögensaufbau auf Dauer eher schlecht ist. Untersucht wurden 1276 Börsentage des Haussemarktes in der Zeit 1982 bis 1987. Die jährliche Rendite des gesamten Zeitraums lag bei stolzen 26,3 Prozent. Ohne die gewinnträchtigsten 40 Tage in diesem Zeitraum lag das Ergebnis allerdings nur bei einer Rendite von 4,3 Prozent.

Wie wenige Tage die Rendite beeinflussen!	
Haussemarkt 1982 bis 1987	Rendite/Jahr S&P 500
Rendite des gesamten Zeitraums (1276 Tage)	26,3
Ohne die 10 Tage mit dem größten Gewinn	18,3
Ohne die 20 Tage mit dem größten Gewinn	13,1
Ohne die 30 Tage mit dem größten Gewinn	8,5
Ohne die 40 Tage mit dem größten Gewinn	4,3
Quelle: Todd Barnhardt, Die 5 Schritte zu Reichtum, Studie der University of Michigan, S&P = Standard & Poors Aktienindex	

Fazit: Wenn Sie sehr kurzfristig mit Aktienfonds Geld anlegen, wieder aussteigen, wieder in einen anderen Fonds anlegen, wieder aussteigen, einzelne Aktien kaufen, wieder verkaufen, ist die Chance nur gering, dass Sie an den jeweils entscheidenden Börsentagen richtig investiert sind. 40 Tage, an denen Sie nicht investiert sind, umgerechnet also zwei Monate, kosten Sie jede Menge Renditepunkte. Und wenn Sie nicht genau wissen, um welche 40 Tage es sich handelt, sparen Sie einfach längerfristig, und ignorieren Sie das Auf und Ab an der Börse, ignorieren Sie auch Ihre Gier nach mehr Gewinn.

Unabhängig davon, dass Sie entsprechend der Studie der University of Michigan kurzfristige Schwankungen ignorieren sollen, ist ein weiterer Punkt zu beachten. Wer in wenigen Jahren auf den Tag zum Millionär werden will, erlebt schnell eine böse Überraschung. Betrachten wir im Folgenden einmal, was passiert, wenn bei kurz laufenden Aktienfonds-Sparplänen nach einigen erfolgreichen Jahren ein, zwei oder drei Jahre mit schlechter Kursentwicklung folgen, Sie jedoch den Verkauf Ihrer Investmentfondsanteile fest eingeplant haben. Diese Zahlen sind auf den ersten Blick nicht besonders beruhigend, beim genauen Betrachten werden Sie jedoch feststellen, dass auch in diesem Fall der nicht »gierige«, langfristige Gewinnsparer auf der sicheren Seite ist.

Vorsicht Falle: Reich in wenigen Jahren

Aktienfonds-Sparplan		
(geplante Anlagedauer: 7 Jahre: monatlich 300 Mark)		
Rendite/Jahr erste 5 Jahre	Verlust/Jahr letzte 2 Jahre	Rendite pro Jahr über 7 Jahre
6 %	10 % (22 646)	**– 1,70**
8 %	10 % (23 461)	**– 0,66**
10 %	10 % (24 314)	**0,38**
12 %	10 % (25 207)	**1,41**
14 %	10 % (26 134)	**2,43**
© www.FINANZ-INSTITUT-Kloeckner.de		

So lesen Sie die Tabelle: Angenommen, Sie investieren Ihr Geld (300 Mark monatlich) in einen Aktienfonds, der in den ersten fünf Jahren durchschnittlich eine Rendite von acht Prozent im Jahr erzielt. In den letzten beiden Jahren, während Sie weitersparen, sinken die Börsenkurse und auch der Wert Ihrer Aktienfondsanteile um jährlich zehn Prozent. Sie sparen weiter, weil Sie ja nicht wissen, wann die Talfahrt der Kurse zu Ende ist, und weil Sie hoffen, dass es in der nächsten Zeit wieder aufwärts geht. Nach diesen zwei Verlustjahren, also am Ende der ursprünglich geplanten, kurzen Anlagedauer, rechnen Sie nach: Das Gesamtergebnis über die sieben Jahre betrachtet entspricht einer Rendite von minus 0,66 Prozent.

Merke: Wenn Sie über wenige Jahre reich werden wollen oder Ihre private Finanzplanung mit Aktienfonds so ausrichten, dass Sie nach wenigen Jahren verkaufen müssen, besteht die große Gefahr, dass Ihr Aktienfonds-Sparplan eine magere bis mickrige Rendite erzielt, Sie also letztlich Geld verlieren.

2.

Langfristig große Gewinnchancen bei kleinerem Risiko

Vorab Folgendes: Sparbücher sind bekanntlich noch immer Anlagefavorit Nummer eins. Wenn Sie in Ihrer Familie oder in Ihrem engeren Freundes- und Verwandtenkreis nachfragen, werden Ihnen nicht wenige bestätigen, dass sie ein Sparbuch mit zum Teil nicht unbeträchtlichem Vermögen besitzen. Aus welchem Grund lieben die Leute ihre Anlage übers Sparbuch so sehr?

- **Es ist sicher angelegt**
- **Man kommt immer ans Geld (in bestimmten Fristen)**

Nehmen wir den Punkt Sicherheit. Wie sicher ist Ihr Geld auf dem Sparbuch wirklich? Dazu eine kleine Rechnung:

Sie legen 1000 Mark über ein Sparbuch an. Jedes Jahr erhalten Sie Zinsen in Höhe von zwei Prozent. Das bedeutet:

	Anlagesumme	+ Zins	= Gesamtbetrag
1. Jahr	1000,00	20,00	1020,00
2. Jahr	1020,00	20,40	1040,40
3. Jahr	1040,40	20,81	1061,21
	und so weiter…		

Auf diese Weise werden Sie offensichtlich nicht reich. Nun betrachten wir einmal Ihr Vermögen nach Berücksichtigung einer geschätzten Inflation von drei Prozent. Sie bekommen also zwei Prozent Zins, die Inflation kostet sie drei Prozent, macht minus ein Prozent netto. Jetzt sieht Ihre Rechnung wie folgt aus:

	Anlagesumme	**+ Zins** **– Inflation**	**= Gesamtbetrag**
1. Jahr	1000,00	– 10,00	990,00
2. Jahr	1020,00	– 9,90	980,10
3. Jahr	1040,40	– 9,80	970,30

und so weiter ...

Merke: Anleger, die aus Gründen der Sicherheit aufs Sparbuch setzen, sparen sich auf Dauer mit Sicherheit arm. Das erkannte (endlich) auch die Dresdner Bank 1999 und warb sinngemäß mit dem Spruch: *Das Sparbuch heißt so, weil Sie es sich sparen können!* Dabei ist diese Betrachtung des Vermögens nach Inflation nur die eine Seite. Hinzu kommt der Verlust an Zins und Zinseszins über viele Jahre. Auch dazu noch ein kleines Beispiel:

Geldanlage monatlich 200 Mark

Laufzeit	15 Jahre	20 Jahre	25 Jahre
Sparbuch **2 Prozent**	41 900	59 000	77 800
Aktienfonds **8 Prozent**	65 900	112 200	181 100
Aktienfonds **10 Prozent**	78 900	144 600	252 700

Merke: Verzichten Sie grundsätzlich auf die Geldanlage in Sparbücher. Sie verlieren auf diese Weise Geld und lassen sich hohe Vermögenszuwächse durch Zins und Zinseszins entgehen. Denken Sie daran: Mit einem Sparbuch sparen Sie sich mit Sicherheit arm, mehr nicht!

Warum ist die Geldanlage in erfolgreiche Aktienfonds nun langfristig jeder anderen Anlageform überlegen? Nehmen wir dazu noch einmal unser Beispiel von vorhin, bei dem wir nachgerechnet haben, dass kurzfristige Gewinngier oder reich werden wollen in wenigen Jahren gefährlich sein kann. Wie sieht die gleiche Rechnung nun aus, wenn wir langfristig planen und es dann wider Erwarten zum Ende der geplanten Laufzeit zu Jahren mit Kursverlusten kommt?

Reich in 20 Jahren – Chancen & Risiken

Aktienfonds-Sparplan (geplante Anlagedauer: 20 Jahre, monatlich 300 Mark)		
Rendite/Jahr erste 18 Jahre	Verlust/Jahr letzte 2 Jahre	Rendite pro Jahr über 20 Jahre
6 %	10 % (96 070)	**3,22**
8 %	10 % (116 037)	**4,90**
10 %	10 % (141 097)	**6,56**
12 %	10 % (172 552)	**8,20**
14 %	10 % (211 768)	**9,81**
© www.FINANZ-INSTITUT-Kloeckner.de		

Reich in 30 Jahren – Chancen & Risiken

Aktienfonds-Sparplan (geplante Anlagedauer: 30 Jahre, monatlich 300 Mark)		
Rendite/Jahr erste 28 Jahre	Verlust/Jahr letzte 2 Jahre	Rendite pro Jahr über 30 Jahre
6 %	10 % (205 378)	**4,20**
8 %	10 % (285 701)	**5,98**
10 %	10 % (403 147)	**7,73**
12 %	10 % (575 241)	**9,45**
14 %	10 % (825 887)	**11,14**
© www.FINANZ-INSTITUT-Kloeckner.de		

Reich in 40 Jahren – Chancen & Risiken

Aktienfonds-Sparplan (geplante Anlagedauer: 40 Jahre, monatlich 300 Mark)		
Rendite/Jahr erste 38 Jahre	Verlust/Jahr letzte 2 Jahre	Rendite pro Jahr über 30 Jahre
6 %	10 % (401 113)	**4,68**
8 %	10 % (651 962)	**6,50**
10 %	10 % (1 082 904)	**8,28**
12 %	10 % (1 826 359)	**10,04**
14 %	10 % (3 101 518)	**11,74**
© www.FINANZ-INSTITUT-Kloeckner.de		

Ergebnis: Diese letzten Tabellen zeigen deutlich, dass mit zunehmender Anlagedauer das Risiko sinkt, dass Kursverluste zum Ende einer geplanten Laufzeit das Gesamtergebnis in den Keller reißen.

Merke: Wenn Sie jung sind und noch viele Jahre sparen können, sind Aktienfonds ohne Wenn und Aber ein klares Muss. Je älter Sie sind und je mehr Sie auf Nummer sicher sparen wollen, desto höher sollte Ihr beispielsweise in internationale Rentenfonds angelegter Betrag sein. Es sei denn, Sie akzeptieren ein gewisses Risiko und planen Ihr Vermögen nicht zu einem festen Zeitpunkt.

3.

Sparen und gewinnen Sie wie Profis: Der Cost-Average-Effekt

Wenn Sie Börsenprofi, also wirklich ein richtiger Börsenprofi wären, wie würden Sie dann an der Börse handeln? Ist doch klar, meinen Sie! Sie würden selbstverständlich bei tiefen Kursen möglichst viel kaufen und bei hohen Kursen möglichst wenig. Damit würden Sie wie ein Profi Ihren Gewinn noch weiter steigern. Wenn Sie nun als Privatanleger versuchen, wie ein Profi zu handeln, haben Sie zwei Möglichkeiten:

a) Sie machen alles nur halbherzig. Eigentlich haben Sie keine Ahnung, und wie ein Profi handeln Sie auch nicht. Aber Sie tun halt mal so als ob. Eines Tages stellen Sie jedoch fest, dass Sie keine Chance haben.

b) Sie steigen so richtig in die Materie ein und saugen ab sofort jeden Tag über alle Medienkanäle Informationen ein. So gehen zwei bis drei Stunden täglich drauf. Sie machen das einige Zeit und kommen dann zu dem Entschluss, es doch besser wieder bleiben zu lassen.

Jetzt kommt die Stunde des Investmentfondssparens. Denn einerseits wollen Sie wie Profis bei günstigen Kursen viel kaufen, andererseits haben Sie nicht die Zeit dazu, sich selbst regelmäßig um die notwendigen Börseninformationen zu kümmern. Investmentsparpläne haben sozusagen die Profigewinnautomatik eingebaut. Und zwar dann, wenn Sie regelmäßig einen festen Betrag sparen. Was passiert.

Investmentfondsanteile werden, wie im Kapitel »Kauf und Verkauf« noch einmal ausführlich erläutert, zu festen Preisen gehandelt, die regelmäßig neu ermittelt werden. Das ist der so genannte Anteilswertpreis. Also der Preis pro Fondsanteil.

Um diesen Preis zu ermitteln, wird also das gesamte Fondsvermögen (netto) durch die Anzahl aller von Anlegern gekauften und insgesamt herausgegebenen Anteilsscheine dividiert.

Beispiel: Fondsvermögen: 1 000 000 000 (1 Milliarde)
Anzahl Investmentanteile: 10 000 000 (10 Millionen)
Preis pro Fondsanteil: 100

Sparen wie die Profis

Um jetzt wie ein Profi zu handeln (viel kaufen bei günstigen Kursen, wenig bei hohen Kursen), müssen Sie nichts weiter tun als…

**…EINEN FESTEN BETRAG
MONATLICH/REGELMÄSSIG SPAREN**

Was geschieht, wenn Sie das tun? Betrachten wir uns gemeinsam die folgenden Zahlen eines fiktiven Sparjahres:

Monat	Preis/Anteil	Sparrate	Gekaufte Anteile
1	100	100	1
2	80	100	1,25
3	70	100	1,43
4	80	100	1,25
5	90	100	1,11
6	100	100	1
7	120	100	0,83
8	130	100	0,77

9	120	100	0,83
10	110	100	0,91
11	90	100	1,11
12	110	100	0,91
SUMME:		1200	12,40

Ergebnis: Sie haben jeden Monat gleichbleibend 100 Mark gespart. Über zwölf Monate sind das 1200 Mark. Insgesamt haben Sie in den zwölf Monaten 12,4 Anteile erworben. Hätten Sie dagegen die gesamte Sparsumme von 1200 Mark in einem Betrag zu Beginn eingezahlt, hätten Sie lediglich 12 Fondsanteile erworben. So klein der Unterschied im ersten Jahr ist, auf Dauer macht sich dieser Durchschnittskosteneffekt (der Cost-Average-Effekt) sehr stark bemerkbar.

Merke: Auch wenn Sie zur Zeit lediglich über kleinere monatliche bzw. regelmäßige Sparraten verfügen, sollten Sie regelmäßig diese Beträge sparen. Sie handeln so mit Ihren kleineren Sparbeiträgen wie die Profis, und – besonders wichtig – Sie beginnen zu sparen.

Sparen und gewinnen wie Profis – Der gemanagte Cost-Average-Effekt

Sie können jetzt noch einen Schritt weitergehen. Um noch mehr Gewinn zu erzielen oder noch günstiger an der Börse über Aktienfonds zu investieren, wäre es natürlich gut, Sie würden in Zeiten sinkender Kurse einmal ein oder zwei Monate aussetzen, die Sparraten getrennt ansparen, um dann bei tiefen Kursen auf einen Schlag mit einer höheren Summe einzusteigen, also …

... EINEN FESTEN BETRAG MONATLICH/REGELMÄSSIG SPAREN UND AUSSETZEN, WENN DIE KURSE SINKEN

Was passiert, wenn Sie das tun? Betrachten wir uns gemeinsam die folgenden Zahlen eines fiktiven Sparjahres:

Monat	Preis/Anteil	Sparrate	Gekaufte Anteile
1	100	100	1
2	80	0	–
3	70	200	2,86
4	80	100	1,25
5	90	100	1,11
6	100	100	1
7	120	0	–
8	130	0	–
9	120	0	–
10	110	400	3,64
11	90	100	1,11
12	110	100	0,91
SUMME		1200	12,88

Ergebnis: Dadurch, dass Sie in Zeiten sinkender Börsenkurse auch mal mit den Einzahlungen (Sparraten) aussetzen und erst wieder einsteigen, wenn die Kurse möglichst tief sind, steigt Ihr Gewinn.

Merke: Wenn Sie bereits über größere Summen an Vermögen verfügen oder monatlich beziehungsweise regelmäßig größere Summen sparen können, setzen Sie auf den gemanagten Cost-Average-Effekt. Sammeln Sie in diesem Fall immer wieder bestimmte Beträge ein, und kaufen Sie dann Fondsanteile, wenn diese unter Wert notieren oder vorübergehend sehr stark gefallen sind. Das Ganze funktioniert natürlich nur, wenn Sie regelmäßig das Börsengeschehen beobachten. Aber auch dann, wenn Sie Ihre Einzahlungen nicht managen, ist das regelmäßige Sparen eine wichtige Gewinnerregel in unserem Erfolgsprogramm.

Vorsicht:
Negativer Cost-Average-Effekt in Entnahmephasen

Im folgenden Fall hat ein Anleger im Laufe der Jahre ein Vermögen von rund 1 Million angespart. Der Einfachheit halber gehen wir davon aus, dass der Investmentfondsanteil aktuell 1000 Mark kostet. Unser Anleger besitzt also 1000 Anteile. Will er nun jeden Monat ein festes Zusatzeinkommen von sagen wir 5000 Mark entnehmen, geschieht Folgendes:

Gewünschte Entnahme pro Monat: 5000 Mark

Investmentfonds-anteile gesamt	Kurs pro Fondsanteil	Notwendiger Verkauf für Entnahme von 5000 Mark
1000	1000	5
995	500	10
985	1000	5
980	2000	2,5
977,5	1000	5
972,5	500	10

Ergebnis: In Entnahmephasen müssen Sie in Zeiten sinkender Preise Ihrer Investmentfondsanteile viele Anteile verkaufen (in unserem Beispiel zehn Anteile zu einem Fondsanteilswert von 500 Mark), in Zeiten steigender Preise wenig Anteile. Wenn Sie so vorgehen, verkaufen Sie also höchst ungeschickt.

Merke: Verkaufen Sie in Entnahmephasen eine feste Anzahl von Investmentanteilen. Damit schwankt zwar, abhängig von der Entwicklung des Fondsanteilswerts Ihre Zusatzeinnahme, aber Sie vermeiden in Zeiten sinkender Börsenkurse, dass Sie Ihr Vermögen zu Schleuderpreisen auflösen.

4.

Reiche Menschen sind Besitzer & Sparer, statt Konsument & Verschwender

Was auch immer du tun kannst oder wovon du träumst,
es tun zu können, fange damit an.
Goethe

Es gibt kaum eine bessere Möglichkeit, sich zu Geldbesitz und damit langfristig zu Reichtum zu zwingen, als in Investmentsfonds zu sparen. Denken Sie künftig daran, dass Sie mit jedem Geldbetrag zwischen kurzfristigem Konsum oder langfristigem Reichtum entscheiden. Viele Menschen verfolgen ihr Leben lang irgendwelche Konsumphantasien, die einem vermeintlichen Status entsprechen. Ein kluger Kopf formulierte einmal sinngemäß: Manche Menschen geben Geld aus, das sie nicht haben, um Dinge zu kaufen, die sie nicht brauchen, und um damit Leuten zu imponieren, die sie nicht mögen. Natürlich kann es von großem Vorteil sein und auch die eine oder andere Annehmlichkeit bringen, dies oder das zu besitzen. Aber haben Sie einmal darüber nachgedacht, ob es wirklich Ihre ureigenen Sehnsüchte sind, die Sie mit Konsum immer wieder aufs Neue zu befriedigen versuchen? Steve Andreas & Charles Faulkner beschreiben in ihrem faszinierenden und für Laien wie Profis empfehlenswerten Buch »Praxiskurs NLP« im Kapitel »Verführung durch statusorientierte Werbung« folgendes Beispiel: »Denken Sie nur an den Fernsehhelden Archie Bunker, der immer, wenn er im Fernsehen einen Werbespot für Bier sah, seiner Frau Edith zubrüllte, sie solle ihm ein Bier bringen.«

Zu Recht vergleichen Andreas & Faulkner manchen Konsumwunsch mit dem Kniereflex, den der Arzt auslöst, wenn er mit einem Gummihammer leicht unterhalb der Kniescheibe den entscheidenden Punkt trifft. Daher nenne ich diesen unsinnigen Konsum auch Konsumreflex©. Hand aufs Herz: Wie oft haben unsere, haben Ihre Konsumreaktionen nichts mit Ihrem wirklichen Leben zu tun und sind lediglich das Ergebnis einer geschickt inszenierten oder im Kaufhaus platzierten Werbung. Wann immer Sie kaufen, denken Sie daran: Ihre Kaufbereitschaft ist zum großen Teil das Ergebnis der Werbung Dritter, die gezielt Ihre Zielvorstellungen und Bedürfnisse manipulieren.

In meinem Buch »Systematisch reich« habe ich die »Vor-jeder-Ausgabe-Checkliste« beschrieben. Mit Hilfe dieser Checkliste fällt es Ihnen leichter, künftig vor größeren Investitionen eine Nacht über Ihre Entscheidung zu schlafen. Diese Liste möchte ich Ihnen hier noch einmal zeigen:

Vor-jeder-Ausgabe-Checkliste ©Bernd W. Klöckner

ZINS in % Jahre	6	7	8	9	10	11	12
	Was aus einer Währungseinheit »Ausgabe« wird ...						
5	1,3	1,4	1,5	1,5	1,6	1,7	1,8
10	1,8	2,0	2,2	2,4	2,6	2,8	3,1
15	2,4	2,8	3,2	3,6	4,2	4,8	5,5
20	3,2	3,9	4,7	5,6	6,7	8,1	9,7
25	4,3	5,4	6,8	8,6	10,8	13,6	17,0
30	5,7	7,6	10,1	13,3	17,5	22,9	**30,0**
35	7,7	10,7	14,8	20,4	28,1	38,6	**52,8**
40	10,3	15,0	21,7	31,4	45,3	65,0	93,1
45	13,8	21,0	31,9	48,3	72,9	109,5	164,0
50	18,4	29,5	46,9	74,4	117,4	184,6	289,0
55	24,7	41,3	68,9	114,4	189,1	311,0	509,3
60	33,0	58,0	101,3	176,0	304,5	524,1	897,6
© Bernd W. Klöckner – entnommen aus »Systematisch REICH!«, Kopien bei Quellenangabe »Systematisch reich« oder »Reich mit Investmentfonds« erlaubt							

Ein Rechenbeispiel: Sie überlegen, ob Sie eine Urlaubsreise für 5000 Mark buchen oder für 3000 Mark. Sie sind 25 Jahre jung. Beide Urlaubsorte gefallen Ihnen. Sie lesen dieses Buch und beschließen, statt ausschließlich KONSUMENT nun doch lieber für einen Teil Ihres Geldes BESITZER zu werden: Sie buchen die Reise für 3000 Mark und legen die einmalig gesparten 2000 Mark konsequent weg. Da Sie in Aktienfonds anlegen und eine ausreichend lange Laufzeit zur Verfügung steht, rechnen wir einmal Ihren Gewinn mit einer angenommenen durchschnittlichen Verzinsung von zwölf Prozent. Das Ergebnis: Auf Sicht von sagen wir 30 Anlagejahren haben Sie durch eine kluge Entscheidung soeben rund 60 000 Mark verdient.

2000 Mark mal 30 (Jahre) =
60 000 Mark

Ein anderes Beispiel: Ihr Sohn ist 18 Jahre jung. Er erbt von einer Tante 40 000 Mark. Sein erster Gedanke ist, sich ein neues Auto zu kaufen (KONSUMENT!). Sie zeigen Ihrem Sohn diese »Vor-je-der-Ausgabe-Checkliste«. Ihr Sohn entscheidet sich, statt KONSUMENT nun doch lieber BESITZER zu werden. Er nimmt für das Auto lediglich 10 000 Mark, den Rest, 30 000 Mark, investiert er in Aktienfonds, um langfristig für die Zukunft vorzusorgen. Das Ergebnis seiner Entscheidung, BESITZER zu werden, kann sich viele Jahre später, angenommen 35 Anlagejahre, sehen lassen:

30 000 Mark mal 52,8 =
rund 1,6 Millionen

Merke: Unglaublich aber wahr. Durch die kluge Entscheidung, in jungen Jahren einen bestimmten Betrag der Erbschaft nicht anzutasten und über viele Jahre zu sparen, besitzt Ihr Sohn eines Tages ein zusätzliches Vermögen in Höhe von rund 1,6 Millionen Mark. Die Entscheidung, in jungen Jahren weniger auszugeben und mehr zu sparen, um Ihr Vermögen zu bilden, ist die Erfolgsgarantie für Ihren künftigen Reichtum.

Die Zehnprozent-Erfolgsregel kennen Sie bereits. Wenn es Ihnen möglich ist, bezahlen Sie sich selbst zuerst mit noch höheren Beträgen als zehn Prozent. Von Sir John Templeton erzählt man sich die Geschichte, dass er 50 Prozent seines Verdienstes sparte und an der Börse investierte. Diese 50 Prozent sind das äußerste Ziel. Wenn es Ihnen gelingt, sich selbst mit zehn bis 50 Prozent im Monat zuerst zu bezahlen, dann sind Sie in wenigen Jahren unweigerlich reich. Und denken Sie daran: Auch das Geheimnis der »Vor-jeder-Ausgabe-Checkliste« können Sie nur dann wirklich erfolgreich in die Praxis umsetzen, wenn Sie konsequent die Beträge, die Sie nun besitzen, statt zu konsumieren, in einen Investmentfondssparplan einbezahlen. Zahlreiche Seminarteilnehmer, gleich ob in Deutschland, Österreich oder der Schweiz, bestätigen immer wieder das Phänomen, wie wichtig es ist, einen solchen Investmentsparplan bereits zu besitzen. Es muss Ihnen leicht fallen, Ihr Geld in Besitz zu verwandeln, statt zu konsumieren. Wenn Sie jedoch den Standpunkt vertreten: »O. K., dann warte ich, bis ich die nächste große Ausgabe nicht tätige, und schließe dann einen Investmentfondssparplan ab«, werden Sie garantiert nie anfangen zu besitzen. Den meisten Menschen ist es dann zu mühselig, den Sparplan abzuschließen, den Vertrag zu unterzeichnen. Ergebnis: Es endet damit, dass man sich vornimmt, beim nächsten Mal nun wirklich das unnötige Konsumgeld zu sparen. Merke also:

Um Besitzer statt Konsument zu werden, müssen Sie bereits mindestens einen Investmentfondssparplan besitzen.

Merke: Unser Wertesystem ist in allzu vielen Fällen durch den Einfluss der Werbung dahingehend konditioniert, dass Sie nicht selten ein ungutes Gefühl verspüren, mit »der Familie Werner Meier« von nebenan nicht mithalten zu können. Andreas & Faulkner bringen es auf den Punkt: Ihnen muss klar werden, dass Ihr Konsumverhalten weitestgehend von den Medien geprägt und selten darin begründet ist, was Ihre eigenen Vorstellungen von Lebensqualität wirklich sind.

> **Reich werden Sie nicht
> durch das, was Sie verdienen,
> sondern durch das Geld,
> was Sie sparen.**

5.

Geldgewinner sind niemals »Sparzögerer«
oder »Richtiger-Zeitpunkt-Käufer«

Immer wieder stellen mir Kunden oder Seminarteilnehmer die gleiche Frage:

**»Soll ich jetzt einsteigen, oder meinen Sie, die Kurse
sinken in den nächsten Wochen?«**

Dahinter steht die Hoffnung, es gäbe so etwas wie den richtigen Kaufzeitpunkt. Klar träumt jeder Geldanleger, auch ich, davon, den richtigen, den günstigsten Kaufzeitpunkt zu erwischen und dann sofort richtig Kasse zu machen, große Gewinne zu erzielen. Doch leider führt diese ständige auf den richtigen Zeitpunkt-Warterei zu wenig.

Anleger Willi M. beabsichtigt, monatlich einen festen Betrag in Höhe von 500 Mark in einen ausgewählten Investmentfonds zu sparen. Er befürchtet jedoch, dass er zu einem ungünstigen Zeitpunkt einsteigt und die Fondsanteilskurse in den nächsten Monaten sinken könnten. Da Willi M. ohnehin ein Zögerer und Zauderer ist, beschließt er, erst einmal abzuwarten, was an den Börsen passiert. Was Willi M. nicht weiß, ist, dass anfängliche Kursverluste bei einem langfristigen Sparplan gar nicht so gefährlich sind.

Hierzu folgendes Beispiel:

Beginn des Sparplans: 1. 1. 2001
Rendite im ersten Jahr: minus 30 Prozent Kursverlust
Rendite im zweiten Jahr: minus 30 Prozent Kursverlust

Willi M. hatte zum Ziel, langfristig über 30 Jahre zu sparen. Angenommen, die Rendite der letzten 28 Jahre liegt bei durchschnittlich 11 Prozent jährlich, wächst das Vermögen von Willi M. auf stolze

1 300 000 Mark

Umgerechnet entspricht das über die Gesamtlaufzeit von 30 Jahren einer Rendite von

10,7 Prozent

Merke: Wer langfristig in Investmentfonds sparen will, muss sich über den richtigen Kaufzeitpunkt keine Gedanken machen. Auch wenn in einem ungünstigen Fall, wie im oben genannten Beispiel, zu Beginn des Sparplans die Börsenkurse beziehungsweise die Fondsanteilskurse zwei Jahre lang mit jeweils 30 Prozent in den Keller rutschen, kann sich die Gesamtrendite des Sparplans durchaus sehen lassen. In jedem Fall ist es besser, irgendwann mit dem Sparplan zu beginnen, anstatt Monate oder gar Jahre zu warten, bis der vermeintlich günstige Einstiegszeitpunkt gekommen ist. Um reich mit Investmentfonds zu werden, müssen Sie eines Tages zu sparen beginnen.

Nehmen wir noch einmal das Beispiel von Willi M.: Angenommen, er würde – was übrigens in der Praxis gar nicht so selten ist – 24 Monate warten, bis er endlich den Mut hat und wirklich daran denkt, einen Fondssparplan abzuschließen. Um dann das gleiche Ergebnis wie oben (1 300 000 Mark) nach verbleibenden 28 Jahren zu erreichen, müsste er nun knapp 600 Mark monatlich sparen. Jeden Monat also 100 Mark mehr oder über die verbleibenden 28 Jahre 33 600 Mark mehr, als wenn er bereits vor zwei Jahren mit dem Sparen begonnen hätte. Mit dem Abschluss eines Sparplans zu warten in der Hoffnung, dadurch den besten Einstiegszeitpunkt zu erwischen und zum Schluss über ein größeres Vermögen zu verfügen, ist also keineswegs klug.

6.

Hin und Her macht Taschen leer: Wann 50 Prozent weniger Rendite mehr Gewinn bringen

Nach Seminarveranstaltungen oder TV-Auftritten erhalten wir meist hunderte von Anrufen, in denen uns mitgeteilt wird, welcher Fonds der beste Fonds ist und wie man sein Geld umverteilen sollte. Die wichtige Regel, die die Mitarbeiter unseres Institutes allen Anrufern kundtun, lautet »Hin und Her macht Taschen leer«. Damit ist gemeint: Häufiges Umschichten Ihres Fondsdepots bringt nur in ganz seltenen Fällen den gewünschten Erfolg. Meist sind es die einfachen Anlagestrategien, die die höchsten Gewinne bringen, und nicht die komplizierten Hin-und-Her-Strategien. Behalten Sie dies im Hinterkopf, wenn Ihnen ein Finanzberater weismachen will, dass er durch möglichst häufiges Umschichten Ihr Endergebnis optimieren könnte. Nicht selten handelt es sich dabei um Gebührenschinderei. Und denken Sie daran: Auch Bankberater, die sicherlich in der Mehrzahl einen hervorragenden Service bieten, unterliegen letzten Endes einem immer größer werdenden Umsatzdruck. Insider erzählen sich, dass ein Wertpapierberater einer gewöhnlichen Bank am Tag Gebühren von einigen tausend Mark einfahren muss, um sein Soll zu erfüllen. Im Folgenden eine Tabelle mit einem Zahlenbeispiel, das verdeutlicht, wieso eine einfache Anlagestrategie (Anlage in einen/mehrere gute Fonds) besser sein kann als die komplizierte Hin-und-Her-Strategie und die ständige Jagd nach den vermeintlich besten Fonds.

Strategievergleich – Verlierer- und Gewinnerstrategie Sparplan 300 Mark monatlich		
Jahr	Hin-und-Her-Strategie 12 Prozent	Einfache Strategie 8 Prozent
1	3 613,0	3 552,0
2	7 458,0	7 389,0
3	11 549,0	11 532,0
4	15 901,0	16 007,0
5	20 533,0	20 840,0
6	25 461,0	26 060,0
7	30 705,0	31 967,0
8	36 285,0	37 785,0
9	42 222,0	44 360,0
10	*48 539,0*	*51 461,0*
© www.FINANZ-INSTITUT-Kloeckner.de		

Ergebnis: Obwohl bei der Hin-und-Her-Strategie jährlich eine fast 50 Prozent bessere Rendite erzielt wird, geht dieser Vorteil durch den in unserem Beispiel angenommenen Ausgabeaufschlag von immer wieder fünf Prozent beim jährlichen Wechsel verloren.

Merke: Zu guter Letzt ist es die bessere Strategie, einmal einen erfolgreichen Fonds auszuwählen, statt jedes Jahr in einen neuen Top-Fonds zu investieren. Wobei wir in unserem Beispiel noch zum Vorteil der Hin-und-Her-Strategie davon ausgegangen sind, dass der Top-Fonds, in den gewechselt wird, tatsächlich im jeweils folgenden Jahr ein 50 Prozent besseres Renditeergebnis erzielt. Noch schlechter schneidet die Hin-und-Her-Strategie ab, wenn der ausgewählte Top-Fonds sich im Folgejahr tatsächlich als Flop erweist.

7.

Gehen Sie an Ihr Kapital nie, nie wieder dran...

Geldverlierer geben immer mehr aus, als sie verdienen, damit die Menschen glauben, sie würden mehr verdienen, als sie ausgeben.
K. Walter, amerikanischer Erfolgspsychologe

Sparen bedeutet Konsumverzicht. Sie haben stets die gleiche Wahl: Sparen oder Konsumieren. Umso verständlicher ist es, dass Sie nach einer ersten Zeit des Sparens (Konsumverzicht = Entbehrung) möglicherweise den Drang verspüren, sich endlich wieder einmal etwas richtig Teures leisten zu wollen. Das sollen Sie auch, jedoch in Maßen. Was viele Menschen falsch machen, ist: Sie leben fast zwanghaft nach einer Zeit des Sparens in Saus und Braus. Auf einen Schlag bricht wieder die Konsumwut aus. Besonders fatal: Der Blick auf das zwischenzeitlich angesparte Guthaben signalisiert »Hey, du kannst es dir doch leisten. Also halte dich nicht zurück. Gelebt wird heute und nicht morgen«. Nochmals: Gönnen Sie sich immer mal wieder die Kleinigkeiten, nach denen Sie sich sehnen. Leisten Sie sich diese von Ihrem Spaßkonto. Was Sie aber niemals tun sollten, ist, Ihr Sparkapital angreifen.

Im Folgenden eine kleine Geschichte über eine Mandantin unseres Institutes. Sabine M. ist eine 28-jährige, gut verdienende Bürokauffrau. Sabine ist Single, große finanzielle Verpflichtungen gibt es keine. Seit dem 18. Lebensjahr spart sie monatlich einen festen Betrag. Bis zum 23. Lebensjahr waren es 150 Mark, dann erhöhte sie ihre Sparrate auf 350 Mark monatlich. Ihre Spargroschen waren zwischenzeitlich zu einem richtigen kleinen Vermögen angewachsen. Die Rendite betrug in den zehn Anlagejahren durchschnittlich elf Prozent. Ihr Konto wies ein Guthaben von

46 146 Mark

aus. Dank einer Erbschaft kamen 75 000 Mark dazu. Sabine überlegte, wie sie das Geld am besten anlegen sollte. Einer Ihrer Wünsche, den sie sich unbedingt erfüllen wollte, war ein funkelnagelneues Cabrio zum Preis von 55 000 Mark. Wir unterhielten uns lange Zeit und rechneten gemeinsam verschiedene Alternative durch.

Möglichkeit A: Sabine leistet sich das Auto und legt den restlichen Betrag in ausgewählte Investmentfonds an.

Möglichkeit B: Sabine gibt ihr altes, in jeder Hinsicht ausreichendes Auto in Zahlung, legt noch 20 000 Mark aus der Erbschaft drauf und kauft sich einen Gebrauchtwagen. Nichts Besonderes, jedoch für ihren Bedarf völlig ausreichend.

Möglichkeit C: Sabine fährt weiter ihr altes Auto und legt den gesamten Betrag von 46 146 Mark zuzüglich der gesamten Erbschaft von 75 000 Mark an.

Möglichkeit A – Sabine geht ans Kapital
Sabine entscheidet sich für das neue Auto. Zur Anlage verbleiben 46 146 Mark zuzüglich des verbleibenden Betrages aus der Erbschaft in Höhe von 20 000 Mark. Sabines Ziel ist es, mit 50 Jahren spätestens finanziell so frei zu sein, dass sie nicht unbedingt weiter arbeiten muss. Je nach Rendite des Aktienfonds in den kommenden Jahren wächst Sabines Vermögen wie folgt:

Anlage 46 146 + 20 000, Ziel: Alter 50 Jahre

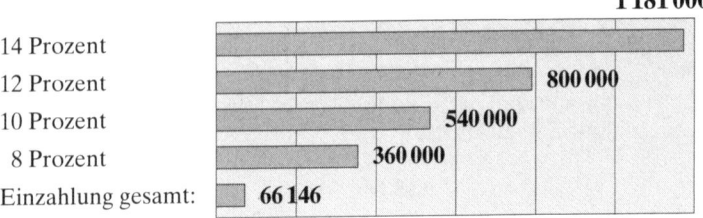

14 Prozent	1 181 000
12 Prozent	800 000
10 Prozent	540 000
8 Prozent	360 000
Einzahlung gesamt:	66 146

136

Möglichkeit B – Sabine entnimmt nur einen geringen Teil der Erbschaft:

Sabine entscheidet sich für das neue, gebrauchte Auto, gibt also ihren alten Wagen in Zahlung und entnimmt 20 000 Mark aus der Erbschaft. Zur Anlage kommen so 46 146 Mark zuzüglich des verbleibenden Betrages aus der Erbschaft in Höhe von 55 000 Mark. Sabines Ziel bleibt es, mit 50 Jahren spätestens finanziell frei zu sein. Je nach Rendite des Aktienfonds in den kommenden Jahren wächst Sabines Vermögen nun wie folgt:

Anlage 46 146 + 55 000, Ziel: Alter 50 Jahre

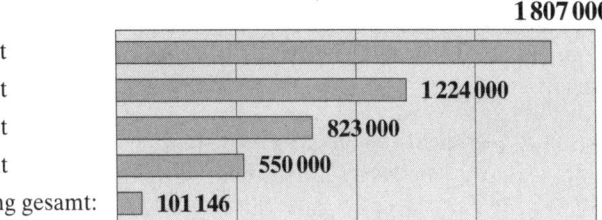

Möglichkeit C – Sabine entnimmt nichts

Sabine entscheidet sich dafür, ihr altes Auto weiterzufahren und das bis jetzt gesparte Vermögen sowie die 75 000 Mark aus der Erbschaft anzulegen. Je nach Rendite des Aktienfonds in den kommenden Jahren wächst Sabines Vermögen wie folgt:

Anlage 46 146 + 75 000, Ziel: Alter 50 Jahre

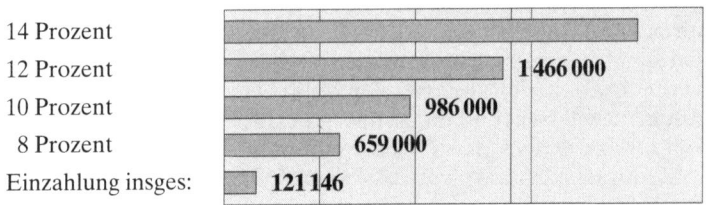

2 164 000

14 Prozent

12 Prozent   1 466 000

10 Prozent   986 000

8 Prozent   659 000

Einzahlung insges: 121 146

Im Folgenden der Vergleich des Anlageergebnisses, wenn Sabines Aktienfonds in den kommenden 22 Jahren durchschnittlich eine Rendite von zehn Prozent im Jahr bringt:

Gehen Sie an Ihr Kapital nie, nie wieder dran...
(Vergleich bei 10 Prozent Rendite, Ziel: 50 Jahre)

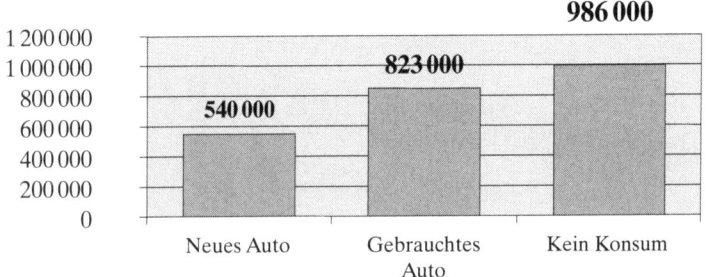

986 000

1 200 000
1 000 000   823 000
800 000
600 000   540 000
400 000
200 000
0

Neues Auto   Gebrauchtes   Kein Konsum
            Auto

Fazit: Der Unterschied zwischen »Kein Konsum« und »Neues Auto« beträgt stolze 446 000 Mark. Die 75 000 Mark, die Sabine, wenn sie kein neues oder gebrauchtes Auto kauft, spart, versechsfachen sich also. Mit diesem Beispiel möchte ich Ihnen nicht nahe legen, ab sofort zum Geizhals zu werden und Geld nicht mehr loszulassen oder an Geld zu grapschen, was Sie grapschen können. Ich möchte Ihnen nur bewusst machen, dass es sich lohnt, an bestehendes Vermögen oder überraschend hinzukommendes Kapital (in unserem Fall die Erbschaft) nie, nie dran zu gehen. Bei einer jährlichen Rendite von sagen wir lediglich sieben Prozent im Jahr würden die 446 000 Mark Sabine eines Tages jedes Jahr ein Zusatzeinkommen von über 31 000 Mark bescheren. Daher gilt: Versuchen Sie einmal angespartes Vermögen in Ruhe weiterwachsen zu lassen, und widerstehen Sie der Versuchung, Ihr angespartes Guthaben auszugeben. Mit jedem zusätzlichen Sparjahr nach einer »Nichtausgabe« freuen Sie sich. Ihr Geld arbeitet für Sie eines Tages in einem Umfang, den Sie sich heute nur schwer vorstellen können. Dazu ein letzter Vergleich: Würde Sabine ihr Sparziel auf 55 Jahre hochsetzen, sieht der Vergleich bei zu Grunde liegenden zehn Prozent angenommener Wertentwicklung wie folgt aus:

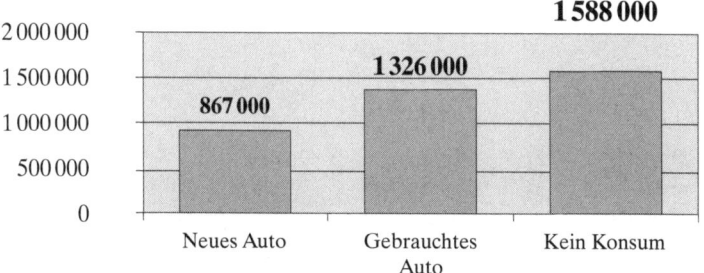

Gehen Sie an Ihr Kapital nie, nie wieder dran…
(Vergleich bei 10 Prozent Rendite, Ziel: 55 Jahre)

Ergebnis: Der Unterschied zwischen Konsum und Konsumverzicht beträgt rund 720 000 Mark. Die, wiederum zu sieben Prozent angelegt, würden Sabine jährlich ein Zusatzeinkommen von über 50 000 Mark oder monatlich rund 4200 Mark bringen.

8.

Reich durch »Zufallsgeld«

»Zufallsgeld« nenne ich das Geld, was Ihnen im Laufe eines Jahres so zufällt. Ein typischer Fall ist der von Marion. Marion ist die Tochter eines unserer Mandanten. Eines Tages kam sie mit in eine Besprechung mit ihrem Vater. Wir kamen unweigerlich auf das Thema Geld und Reichtum. Marion hörte aufmerksam zu, schüttelte jedoch plötzlich den Kopf und meinte: »Das ist doch alles graue Theorie. Ich bin am Studieren und kann nichts sparen.« So wie Marion geht es vielen Leuten. Dabei sammelt sich übers Jahr eine ganze Menge »Zufallsgeld« an. Also beispielsweise bei Marion (wie sie nach zunächst hartnäckigem Wiederholen, sie hätte kein Geld, bestätigte) zu Weihnachten von den Eltern 500 Mark, von der Patentante und dem Patenonkel gibt es auch noch einmal 500 Mark obendrauf. Übers Jahr verteilt stecken Oma und Opa den »armen« Enkelkindern nochmals 300 Mark zu. Dann kommt eine Steuererstattung in Höhe von 2 500 Mark, und über ein Zusatzgeschäft verdient sie auf den Monat umgerechnet nochmals 300 Mark. Zusammen macht das im Jahr:

500 Mark	Weihnachtsgeld Eltern
500 Mark	Weihnachtsgeld Patentante/Patenonkel
300 Mark	Opa/Oma
2 500 Mark	Steuererstattung
3 600 Mark	eigene Zusatzverdienste
7 400 Mark	»Zufallsgeld«

Nachdem wir gemeinsam mit Marion diese Zahl ermittelt hatten, rechneten wir weiter. Würde Marion diese 7 400 Mark jährliches »Zufallsgeld« in einen erfolgreichen Aktienfonds investieren, umgerechnet also rund 610 Mark pro Monat, käme im Laufe der Jahre ein beträchtliches Vermögen zusammen, wie die folgenden Zahlen beweisen:

Millionär mit »Zufallsgeld«

610 Mark monatlich	Rendite					
	6 %	8 %	10 %	12 %	14 %	16 %
10	100 000	111 600	125 000	140 300	158 000	178 500
15	177 400	211 100	252 800	304 700	369 500	450 600
20	281 800	359 300	463 200	603 400	793 700	1 053 100
25	422 700	580 100	809 400	1 146 100	1 644 500	2 387 000
30	612 800	909 100	1 378 900	2 131 900	3 350 700	5 339 800
35	869 100	1 399 300	2 315 900	3 922 900	6 772 800	11 876 800

Als wir diese Rechnung mit Marion durchgingen, war sie völlig überrascht. Marion war zum Zeitpunkt unseres Gespräches 20 Jahre jung. Die Geldanlage in Aktienfonds bringt ihr im Laufe der Jahre mit sehr großer Wahrscheinlichkeit eine Million bis einige Millionen.

Wie verwenden Sie Ihre jährlichen Zufallsgelder?

Möglicherweise geht es Ihnen ebenso. Setzen Sie sich daher einmal in Ruhe hin, und tragen Sie in die folgende Liste Ihre jährlichen »Zufallsgelder« ein.

1. _____

2. _____

3. _____

4. _____

5. _____

6. _____

7. _____

8. _____

Summe: _____

Wenn Sie künftig »Zufallsgelder« erhalten, investieren Sie diese, anstatt zu konsumieren. Wie schnell gehen ein paar Tausender für eine neue (eigentlich unnötige) Musikanlage drauf, die – richtig angelegt – einige zehntausend Mark Vermögen bringen können. Wenn Sie künftig einen unerwarteten Scheck bekommen, eine Gutschrift erhalten oder durch Nebentätigkeiten ein Zusatzeinkommen erzielt haben, versuchen Sie so zu tun, als gäbe es diese »Zufallsgelder« nicht, und investieren Sie diese Beträge in einen oder mehrere feste Aktienfondssparpläne. Wenn Sie so handeln, werden Sie reich mit Investmentfonds, ohne sich großartig anstrengen zu müssen.

»Zufallsgeld« und das Geheimnis des ersten Sparjahres
Auch hier gilt wieder: Zeit ist Geld. Marion wollte – wie es immer wieder typisch ist – erst noch ein Jahr mit dem Sparen warten, um dann jedoch auch mit dem 55. Lebensjahr aufzuhören.

Bei 35 Jahren und zwölf Prozent Rendite würde Marion über ein Vermögen in Höhe von 3 922 900 Mark verfügen.

Wenn sie dagegen ein Jahr später zu sparen beginnt, also nur noch 34 Jahre das »Zufallsgeld« von 610 Mark monatlich anlegt, wächst das Vermögen bei zwölf Prozent Rendite auf »lediglich« 3 474 000 Mark.

Der Unterschied: Immerhin stolze rund

450 000 Mark

Das bedeutet: Die erste Jahresrate von zwölfmal 610 Mark bringt am Ende den Unterschied von rund 450 000 Mark.

Warum Gewinngier und die ständige Suche nach Top-Aktienfonds nichts bringen

Sowohl Anrufer als auch Seminarteilnehmer fragen mich immer wieder, wie man wirklich alles, also noch den letzten Renditepunkt aus seiner Fondsanlage herausholen kann. Kurios dabei ist: Oft handelt es sich um Leute, die bislang »auf Nummer sicher« in Sparbücher und renditeschwache Sparpläne angelegt haben und jetzt den großen Reibach machen wollen. Und das möglichst schnell, versteht sich. Solche Anleger denken oft:

1. Dann setze ich ab jetzt jedes Jahr auf den Top-Fonds des letzten Jahres (einer bestimmten Kategorie, zum Beispiel internationale Aktien). So sichere ich mir jedes Jahr die höchsten Renditen und auf Dauer damit den höchsten Gewinn.
2. Dann setze ich doch besser auf Fonds, die so richtig aggressiv am Markt investieren. Diese Fonds machen zwar zwischendurch auch mal 15 Prozent Verlust, dafür in guten Jahren 20 Prozent und mehr Gewinn. Unterm Strich muss sich das doch rechnen!

Im Folgenden möchte ich Ihnen zeigen, wieso beide EINSTELLUNGEN falsch sind und unterm Strich statt mit dem erhofften Mehrgewinn oder Supergewinn mit einem schlechteren Ergebnis enden, als wenn Sie auf kontinuierliche Gewinnerfonds setzen. Für viele von Ihnen trifft zu: Bis gestern haben Sie womöglich um Fondssparpläne einen großen Bogen gemacht oder im Vergleich zu Ihren sonstigen Geldanlagen in Fonds nur wenig gespart. Seien Sie doch zufrieden, wenn eine Fondsanlage Ihnen über die nächsten Jahre kontinuierlich sagen wir acht Prozent bietet. Das ist immer noch eine Menge mehr, als Sie bislang erzielt haben.

»Typ GIERIG« contra »Typ KONTINUIERLICH

Jahr	GIERIG Rendite pro Jahr	KONTINUIERLICH Rendite pro Jahr
1	23	8
2	19	8
3	16	8
4	–17	8
5	8	8
6	14	8
7	19	8
8	–13	8
9	– 7	8
10	12	8
11	14	8
12	13	8
13	–20	8
14	20	8
15	19	8
16	13	8
17	10	8
18	–20	8
19	14	8
20	19	8

Schätzen Sie selbst! Wer gewinnt am Schluss??

Jahr	GIERIG Rendite pro Jahr	Ergebnis	KONTINUIERLICH Rendite pro Jahr	Ergebnis
Einmalanlage:		1 000		1 000
1	23	1 230	8	1 080
2	19	1 464	8	1 166
3	16	1 698	8	1 260
4	–17	1 409	8	1 360

5	8	1 522	8	1 469
6	14	1 735	8	1 587
7	19	2 065	8	1 714
8	–13	1 796	8	1 851
9	– 7	1 671	8	1 999
10	12	1 871	8	2 159
11	14	2 133	8	2 332
12	13	2 410	8	2 518
13	–20	1 928	8	2 720
14	20	2 314	8	2 937
15	19	2 754	8	3 172
16	13	3 111	8	3 426
17	10	3 423	8	3 700
18	–20	2 738	8	3 996
19	14	3 121	8	4 316
20	19	**3 714**	8	**4 661**

Die kontinuierlichen acht Prozent Rendite pro Jahr führen nach 20 Jahren in unserem Beispiel zu einem 25 Prozent höheren Endvermögen. Dabei sind die acht Prozent noch sehr vorsichtig gerechnet.

Merke: Wer zu gierig ist und ständig in den/die vermeintlich aggressivsten Fonds investiert, steht am Ende gegenüber dem Anleger, der kontinuierlich auf einen ständigen Fonds setzt, schnell als Verlierer da. Auch wenn aggressive Fonds in einzelnen Jahren verlockende Gewinne versprechen, in negativen Jahren verschlechtert sich das Ergebnis dramatisch.

10.

Vorsicht Falle:
Wie der Aktienfondskauf auf Kredit finanzielle Freiheit einschränken kann

Vorab zum Thema Geld & Kredit folgende Ansicht von Fides Krause-Brewer, einer bekannten Journalistin:

> **»Geld macht nicht glücklich, aber es beruhigt die Nerven – dies ist, wie ich meine, eine brauchbare Devise. Geld fasziniert mich – nicht um es zu raffen oder auszugeben, sondern um damit zu jonglieren, an der Börse zum Beispiel. Dabei habe ich von meinem Großvater, der Reichsfinanzminister war, gelernt, dies niemals auf Pump zu tun. Denn nur so kann man auch Verluste verschmerzen. Wenn man sie nicht realisieren muss, stehen sie ohnehin nur auf dem Papier – bis die Kurse wieder steigen.«**

Fides Krause-Brewer hat nicht Unrecht. Die Gefahr der Investition in Aktien oder auch Aktienfonds auf Pump ist groß. Doch die Gier der breiten Anlegermasse ist in regelmäßigen Abständen größer als die Furcht vor Verlusten. Am 16. 2. 2000 war es einmal wieder soweit: Das Handelsblatt schlägt als eine der führenden Wirtschaftszeitungen Alarm. Die Überschrift eines Artikels lautete:

Zunahme von Effektenkrediten schürt
Angst vor Börsencrash

Der Hintergrund für diese Warnung: In den USA wurden trotz fallender Kurse immer mehr Wertpapiere auf Pump gekauft. Seit September 1999 hatten Wertpapierkredite um 36 Prozent zugenommen. Die Käufer von Aktien standen bei US-Brokern mit über 240 Milliarden US-Dollar in der Kreide. Zwar waren die Wertpapierkredite mit einem Anteil von über 1,5 Prozent der gesamten Marktkapitalisierung noch weit von den 30 Prozent des »schwarzen Freitags« im Jahr 1929 entfernt, dennoch lag dieser Wert in der Höhe wie zuletzt vor dem Börsencrash im Oktober 1987. Auch bei Aktienfonds reizt es so manchen Geldanleger, auf Kredit zusätzliche Anteile zu kaufen. Wer starke Nerven hat und vorübergehende Verluste verkraften oder ausgleichen kann, der kann über Kredite seinen Gewinn erheblich steigern. Wer aber nur über wenig Eigenkapital und nur wenig Vermögen verfügt, der läuft Gefahr, im Falle eines Börsencrashs einen Großteil des Vermögens zu verlieren.

Als Grundregel gilt also: Finger weg vom Aktienfondskauf auf Kredit, wenn Sie nicht über

- **ausreichende Bonität**
- **eigenes Depotguthaben**
- **oder zusätzliche Sicherheiten verfügen**

Außerdem müssen Sie in dem jeweiligen Kreditvertrag einwandfrei klären, welche Sicherheitsgrenze gilt. Hierzu ein kleines Beispiel:

Anleger A. verfügt über 20 000 Mark Eigenkapital. Er hört von der Möglichkeit, dass er über sein Eigenkapital hinaus einen Kredit bekommen könnte, um dann die Gesamtsumme in Aktienfonds zu investieren. Mit seinem Bankberater vereinbart er eine Sicherheitsgrenze von 150 Prozent. Das bedeutet:

Kredit	20 000 Mark
Sicherheitsgrenze des Depots	30 000 Mark (= 150 %)

Würde also der Gesamtwert der gekauften Fondsanteile (bei Kauf 20 000 Mark Eigenkapital + 20 000 Mark Fremdkapital = 40 000 Mark) unter diese vereinbarte Grenze von 150 Prozent = 30.000 Mark sinken, könnte die Bank die Rückzahlung des Kredits verlangen oder sonstige, zusätzliche Sicherheiten. Wer in diesem Fall nichts zu bieten hat (keine finanzielle Freiheit!), sitzt schnell in der Verlustfalle. Beispiel:

Eigenkapital	20 000 Mark
Kredit	20 000 Mark
Kauf	40 000 Mark
Kursverlust 25 %	minus 10 000 Mark
Neuer Kurswert	30 000 Mark (= 150 %)

→ ggf. AUFLÖSUNG DES DEPOTS DURCH DIE BANK

Eigenkapital nach Verkauf	10 000 Mark
Verlust	50 Prozent

Das bedeutet: Die Kreditaufnahme wirkt als Hebel nach oben wie auch nach unten. Verdoppeln Sie Ihr Eigenkapital durch Kreditaufnahme, verdoppelt sich im Falle der zwangsweisen Auflösung auch der Kursverlust an der Börse. Verdreifachen Sie Ihr Eigenkapital, verdreifacht sich auch Ihr Kursverlust.

Tipp: Ohne entsprechende Bonität, eigenes Depotguthaben und im besten Fall zusätzliche Sicherheiten, sollten Sie niemals in Aktienfonds auf Kredit investieren. Wenn Sie diese Voraussetzungen erfüllen und das Risiko eingehen wollen, dann vergewissern Sie sich, dass Sie die Rechte der Bank zur Auflösung des Depots wirklich verstanden haben. Nichts ist schlimmer, als wenn eine Bank Sie im Verlustfall zur Auflösung Ihres Fondsdepots zwingen kann.

11.

Die G&G-Erfolgsstrategie für Fondssparer bei anfänglichen Kursverlusten

Die Geduld&Geld-Erfolgsstrategie gilt für Aktienfondssparen und Einmalanlagen. Gerade dann, wenn Sie zu den etwas risikofreudigeren Anlegern zählen, müssen Sie sich an Zeiten stark schwankender Investmentfondskurse gewöhnen. Jetzt kommt es darauf an, dass Sie nicht zum falschen Zeitpunkt die Nerven verlieren, sondern ruhig kalkulieren. Vor allem wenn zu Beginn eines Aktienfondssparplans bei einer Einmalanlage nicht alles entsprechend Ihren (Gewinn)Erwartungen läuft, heißt es, Geduld bewahren.

Hierzu ein einfaches Rechenbeispiel:

Anleger A erwirbt für 20 000 Mark Anteile an einem spekulativ ausgerichteten Investmentfonds. Der Fondsanteilskurs liegt zum Zeitpunkt des Kaufs bei 200. Anleger A erwirbt somit 100 Anteile.

20 000 geteilt durch 200 = 100 Fondsanteile

Kurz nach Kauf, sechs Monate später, sinkt der Fondsanteilskurs auf 160 Mark. Das Vermögen von Anleger A. beträgt nun 16 000 Mark, der Verlust (vorerst auf Papier, da noch nicht verkauft und realisiert) 4 000 Mark. Anleger A könnte nun angesichts des Kursverlustes von 20 Prozent in Panik ausbrechen, oder aber kühl reagieren. Er reagiert kühl und kommt nach einigen wenigen Gesprächen mit Fachleuten zu dem Schluss, dass sich die Kurse seines Fonds in absehbarer Zeit wieder erholen werden. Er entscheidet sich, die günstige Kaufgelegenheit zu nutzen, und erwirbt wiederum für 20 000 Mark Fondsanteile.

20.000 geteilt durch 160 = 125 Fondsanteile

Im Laufe der nächsten zwölf Monate steigt der Kurs des Investmentfonds wieder über den ursprünglichen Einkaufskurs von 200 Mark bis auf 240 Mark. Die Rechnung von Anleger A sieht nun wie folgt aus:

Die G&G-Erfolgsstrategie für Investmentfondssparer		
	Anleger A Typ »Panik« Einmaliger Kauf	**Anleger A Typ »Clever« Kauf & Nachkauf 6 Monate später**
Angelegtes Kapital 1. 1. 01 1. 7. 01 (6 Monate später, Kurs bei 160 Mark)	20 000 Mark (100 Anteile à 200 Mark/Anteil) keine Anlage	20 000 Mark (100 Anteile à 200 Mark/Anteil) 20 000 Mark
Fondsanteile gesamt	100	225
Fondsvermögen zum 1. 7. 02 (nach 18 Monaten seit Beginn, 240 Mark	24 000 Mark (100 Anteile à 240 Mark/Anteil)	54 000 Mark (225 Anteile à 200 Mark/Anteil))
Rendite der Gesamtanlage	13 Prozent	**26 Prozent**
© www.FINANZ-INSTITUT-Kloeckner.de		

Merke: Der Anlegertyp »Clever« reagiert bei (anfänglichen) Kursverlusten gelassen und investiert, wenn grundsätzlich die Fondsausrichtung viel versprechend ist, zusätzliche Spargelder. Durch diese einfache Gewinnerstrategie verbilligt Typ »Clever« seinen Fondseinstieg, erwirbt durch den gesunkenen Ausgabepreis zum günstigen Kurs viele Fondsanteile dazu und steht nach einer Phase des Kursanstieges in jedem Fall besser. Die Gewinnerformel für diese Gewinnerstrategie lautet:

Finanzieller Erfolg = G&G (Geduld & Geld)

Noch drastischer zeigen sich die Vorteile dieser cleveren Nachkauf-Gewinnerstrategie, wenn man einmal die Rendite betrachtet für den Fall, dass der Fondsanteilskurs nach dem vorübergehenden Verlust lediglich wieder auf den ursprünglichen Ausgabekurs und Einstiegspreis von 200 Mark steigt:

Die G&G-Erfolgsstrategie für Investmentfondssparer		
	Anleger A Typ »Panik« Einmaliger Kauf	Anleger A Typ »Clever« Kauf & Nachkauf 6 Monate später
Angelegtes Kapital 1.1.01 1.7.01 (6 Monate später)	20 000 Mark keine Anlage	20 000 Mark 20 000 Mark
Fondsanteile gesamt	100	225
Fondsvermögen zum 1.7.02 (nach 18 Monaten seit Beginn)	24 000 Mark (100 Anteile à 200 Mark/Anteil)	45 000 Mark (225 Anteile à 200 Mark/Anteil)
Rendite der Gesamtanlage	Plus/minus Null	9,6 Prozent
© www.FINANZ-INSTITUT-Kloeckner.de		

Streng genommen ist in der zweiten Tabelle das Ergebnis beziehungsweise die Rendite für den Typ »Panik« noch schlechter. Schließlich sind seit Beginn der Anlage von 20 000 Mark 18 Monate vergangen, und das Endergebnis sind lediglich 20 000 Mark. Der »Verlust« sind also die entgangenen Zinsen. Ehrlich gerechnet liegt somit die Rendite des Anlegers Typ »Panik« im Minusbereich.

12.

Für Gewinnsparer: Wie Sie Aktienfondssparen und Risikovorsorge clever verbinden

Fast in jedem Haushalt gibt es eine oder sogar mehrere kapitalbildende Lebensversicherungen, auch Kapitallebensversicherungen genannt. Eine solche Versicherung kombiniert Risikovorsorge und Altersvorsorge/Vermögensaufbau. Diese Kombination hat jedoch einen großen Nachteil: Sie ist teuer und bringt nur wenig Gewinn. Wenn Sie in eine Lebensphase kommen, in der Sie Ihre Familie oder sonstige Angehörige absichern müssen, dann bietet sich der preisgünstige Weg über eine Risikolebensversicherung an. Hier zahlen Sie lediglich die Prämie für das Risiko »Leben«. Geschieht Ihnen nichts, was ich Ihnen wünsche, sind diese Risikobeiträge verloren. Bis heute hält sich die völlig falsche Vorstellung, dass bei einer Kapitallebensversicherung dagegen die Beiträge für das Risiko »Leben« nicht verloren seien. Das ist grundlegend falsch. Die Versicherungsprämie für eine Kapitallebensversicherung besteht in der Regel aus drei Teilen:

1. Verwaltungskostenanteil
2. Risikokostenanteil
3. Sparanteil

Wie sich die Prämie aufteilt

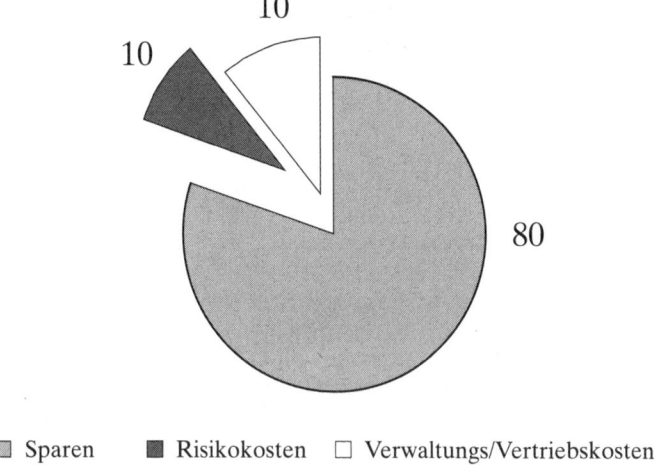

■ Sparen　■ Risikokosten　□ Verwaltungs/Vertriebskosten

Wer also denkt, den Risikoschutz bei der Kapitallebensversicherung »kostenlos« zu erhalten, irrt gewaltig. Es werden einfach nicht 100 Prozent des Beitrages in Spareinlagen angelegt, sondern nur rund 80 Prozent.

Dazu kommt ein weiterer, gravierender Nachteil der Kapitallebensversicherung: Wer als Familienvater oder Familienmutter die Familie auf das Leben ausreichend versichern will, der muss ab einer Größenordnung von 500 000 Mark Versicherungsschutz aufwärts denken. Pi mal Daumen errechnen Sie Ihren notwendigen Versicherungsschutz, indem Sie Ihre festen monatlichen Ausgaben mit zwölf multiplizieren. Diesen Betrag pro Jahr muss Ihr Kapital für die Hinterbliebenen bringen, wenn im Todesfall die Existenz gesichert sein soll.

Ein einfaches Zahlenbeispiel ist das von Herrn Malthus, einem sehr erfolgreichen jungen Unternehmer:

Zahlenbeispiel Herr Malthus: **Ihre Zahlen:**

2 100 Mark	Kreditrate Haus	_____
1 200 Mark	Lebenshaltungskosten	_____
1 500 Mark	Freizeit/Urlaub	_____
usw.	usw.	_____

5 400 Mark	Gesamtsumme/Monat	_____
64 800 Mark	Gesamtsumme/Jahr	_____
minus 24 000 Mark	gesichertes Einkommen netto	_____
40 800 Mark	**Existenzsumme/Jahr**	_____

Ihren notwendigen Versicherungsschutz bei einem angenommenen Anlagezins von durchschnittlich vorsichtigen sechs Prozent pro Jahr errechnen Sie – abhängig von Ihrer individuell ermittelten Existenzsumme/Jahr – mit folgender Formel:

**Versicherungssumme
=
(Existenzsumme)** mal **100** geteilt durch **Zinsfaktor**

Im Beispiel von Herrn Malthus: 40 800 mal 100 dividiert durch 6 ergibt

**680 000 Mark
notwendigen Versicherungsschutz**

Jetzt wird es spannend: Was wäre nun für Herrn Malthus sinnvoll? Eine Kapitallebensversicherung mit einer Versicherungssumme von 700 000 (680 000 gerundet) oder ein Versicherungsschutz über eine Risikolebensversicherung (ebenfalls 700 000 Mark) und die Anlage des nun freien, restlichen Geldbetrags in verschiedene, sorgsam ausgewählte Aktienfonds? Als Herr Malthus damals sich selbst und uns diese Fragen stellte, rechneten wir nach. Das Ergebnis überraschte Herrn Malthus. Die Zahlen im Einzelnen:

Eine Kapitallebensversicherung mit 30 Jahren Laufzeit über 700 000 Mark bei einem leistungsstarken Versicherer kostete eine monatliche Prämie in Höhe von

ca. 1 300 Mark

Teure Versicherer verlangten sogar über 1 500 Mark. Die Auszahlung nach 30 Jahren (gesamte Ablaufleistung inklusive der Überschüsse) lag bei rund 1,5 Millionen. Der gleiche Versicherungsschutz über eine Risikolebensversicherung dagegen kostete bei einem der günstigen Direktversicherer lediglich

ca. 200 Mark.

Differenz: Immerhin stolze 1 100 Mark.

In unserem Beispiel entschied sich Herr Malthus, die Risikolebensversicherung getrennt abzuschließen und die Differenz, also 1 100 Mark, monatlich über 30 Jahre in verschiedene Aktienfonds anzulegen. Seine persönliche Erfolgsrechnung sah wie folgt aus:

Monatliche Anlage von 1 100 Mark 30 Jahre Erfolgsprogramm	
Rendite pro Jahr (Annahme)	Vermögen
6	1 021 000
7	1 225 000
8	1 475 000
9	1 784 000
10	2 162 000
11	2 625 000
12	3 200 000
13	3.900.000
14	4.761.000
© www.FINANZ-INSTITUT-Kloeckner.de Berechnung nach Ausgabeaufschlag von 5 Prozent	

Ergebnis: Über lange Zeiträume haben Aktienfonds – unter Schwankungen – laut Berechnungen des Bundesverbandes Deutscher Investmentgesellschaften Renditen zwischen ca. acht und elf Prozent gebracht. Dazu kommt: In der oben genannten Tabelle sind etwaige steuerliche Zahlungen noch nicht berücksichtigt. Pi mal Daumen gilt:

Ihre Fondsanlage muss durchschnittlich eine Rendite von ca. neun Prozent bringen, um die Kapitallebensversicherung zu schlagen. Für vorsichtige Geldanleger kommen also durchaus leistungsstarke Versicherer, in erster Linie Direktversicherer wie Europa, Cosmos, Hannoversche und andere, in Frage. Für risikofreudige Typen ist die Kombination aus Risikolebensversicherung und Aktienfondssparen die clevere Alternative.

Fondsgebundene Lebensversicherung

Fondsgebundene Lebensversicherungen werden auch Fondspolicen genannt. Die Versicherungen haben diese kreiert, nachdem immer mehr Anleger auf Investmentfonds setzten. Hier wird Versicherungsschutz mit dem Sparen in Investmentfonds verknüpft. Das Ganze kostet natürlich zusätzliches Geld, denn der Versicherungsvertreter kassiert bei der fondsgebundenen Lebensversicherung in der Regel seine übliche Provision. Das sind bei einer Versicherungssumme von 100 000 Mark rund 4 000 Mark. Da diese 4 000 Mark von Ihnen indirekt über die Versicherungsbeiträge bezahlt werden, entgehen Ihnen für diese Provision Zins und Zinseszins. Eine Fondspolice lohnt sich nur aus steuerlichen Gründen (fragen Sie Ihren Steuerberater) oder möglicherweise dann, wenn Ihnen die Versicherung im Rahmen der Fondspolice besondere Fonds, einen besonderen Service, kostenloses Wechseln der Fonds während der Laufzeit oder etwas anderes bietet.

Beispiel: Eine meiner Seminarteilnehmerinnen erhielt von ihrem Versicherungsvertreter eine Fondspolice: Der Versicherungsschutz lag bei 100.000 Mark, der Monatsbeitrag betrug 250 Mark und die Spardauer 35 Jahre. Der Versicherungsvertreter ließ den Computer arbeiten und präsentierte stolz die Musterberechnung. Bei einer angenommenen Rendite von neun Prozent sollte die Kundin eines Tages 490 000 Mark erhalten.

Durch mein Seminar »Der 100 000 Mark Tag« wachgerüttelt, hakte die Kundin nach. Sie fragte den Vertreter, ob er ihr einmal ausrechnen könne, wie hoch das Vermögen nach 35 Jahren sei, wenn er mit seinen Rechenprogrammen 250 Mark monatlich wirklich mit neun Prozent hochrechnen würde. Das Ergebnis: 735 000 Mark. Selbst wenn für den Abschluss einer getrennten Risikolebensversicherung 20 Mark ausgegeben werden müssten, blieben 230 Mark zum Sparen und damit ein Endvermögen von rund 670 000 Mark. Die Differenz zum Angebot der Fondspolice: immerhin 180 000 Mark. Hier muss Ihnen ein guter Versicherungsverkäufer erklären können, was an der von ihm angebotenen Fondspolice so gut ist, dass sie 180 000 Mark weniger bringt.

Merke: Ohne nennes- und geldwerte Zusatzleistungen wie zusätzliche Vermögensverwaltung, laufende Betreuung, Auswahl aus zahlreichen Fonds und ohne Kenntnis der tatsächlichen Kosten beim Abschluss einer Fondspolice sollten Sie keine solche abschließen.

13.

Warum Sie trotz »Autopilot« einmal im Jahr Bilanz ziehen müssen

Die Geldanlage in Aktienfonds ist grundsätzlich eine Geldanlage, bei der Sie per »Autopilot« zu Reichtum gelangen können. Sie müssen zunächst nichts weiter tun, als zu sparen beginnen oder eine Einmalzahlung zu leisten und abzuwarten. Dabei gilt jedoch: Der Kauf von Investmentfondsanteilen entbindet Sie nicht davon, regelmäßig die Entwicklung der ausgewählten Fonds sorgfältig nachzuvollziehen. Folgende Schritte haben sich in der Praxis bewährt:

1. Ziehen Sie anhand der Depotauszüge mindestens einmal jährlich Bilanz hinsichtlich Ihrer Vermögensverteilung, Entspricht
   die Aufteilung noch Ihren Vorstellungen, oder ist es an der Zeit,
   einen Teil des Vermögens auf andere Fonds zu streuen?
2. Im zweiten Schritt heißt es, die Wertentwicklung der von Ihnen
   gekauften Fonds mit dem jeweiligen Index und den Fonds der
   Wettbewerber zu vergleichen. Bitte nehmen Sie sich Zeit für
   Ihr Geld, das heißt, nehmen Sie Ihr Geld ernst und sich selbst
   einen Tag Zeit, möglicherweise ein ganzes Wochenende, um
   diesen Vergleich sorgfältig durchzuführen. Greifen Sie dabei
   auf Datenquellen im Internet, beispielsweise micropal.de zurück, oder durchstöbern Sie einige Wochen vor Ihrem Bilanz-
   tag die Wirtschaftszeitschriften nach entsprechenden Fonds-
   vergleichen.
3. Wenn Sie Fonds im Depot haben, deren Entwicklung unterdurchschnittlich ist, vergleichen Sie vor einer möglichen Ver-
   kaufsentscheidung zur Sicherheit nochmals langfristigere Anlagezeiträume mit den Anlageergebnissen der Wettbewerber.
   In Einzelfällen suchen Sie das Gespräch mit einem versierten
   Finanzberater oder mit einem Banker Ihres Vertrauens.
4. Haben Sie Fonds im Depot, die sich gut oder gar überdurch-
   schnittlich entwickelt haben, prüfen Sie auch hier, ob der
   Fonds noch zu Ihrer persönlichen Anlagestrategie und Risiko-
   mischung passt. Möglicherweise sind Sie nach ersten Fondserfahrungen nun spekulativer eingestellt und wollen daher Ihre
   Fondsstruktur ändern.

Merke: An dieser Jahresbilanz führt kein Weg vorbei, wenn Sie ernsthaft **VerANTWORTung** für Ihr Geld übernehmen wollen. Das bedeutet, dass Sie auf die Frage »Wie sieht
mein Fondsdepot aus?« auch eine verlässliche Antwort geben
können. Nach dieser mindestens einmal im Jahr stattfindenden
Bilanzbesprechung mit Ihnen selbst oder einem Berater können
Sie, nach einmal getroffenen Entscheidungen, wieder dem Autopiloten Investmentfonds Ihr Geld überlassen.

14.

Wie Sie mit Indizes den Erfolg eines Fonds messen

Eine beliebte und auch geeignete Methode, um den Erfolg eines Fonds zu messen, ist es, diesen mit dem jeweils passenden Index zu vergleichen. Beispielsweise einen in Deutsche Aktien anlegenden Investmentfonds mit dem Deutschen Aktienindex (DAX). Börsianer errechnen Indizes, um die Marktstimmung, die Marktverfassung zu beurteilen. Angesichts tausender von Aktien sind Indizes ein wichtiger Maßstab. Sie finden in der Regel auch für die meisten spezielleren Fondstypen (zum Beispiel Branchenfonds) entsprechende Indizes zum Vergleichen. Schließlich wollen Sie ja wissen, ob das Fondsmanagement Ihrer Fonds eine bessere Leistung bietet als die Entwicklung der dem jeweiligen Index zu Grunde liegenden Standardtitel.

15.

So behalten Sie den ÜBERblick, wenn Sie Ihr Fondsvermögen selbst verwalten wollen

Die eigene Vermögensverwaltung mit Investmentfonds kann durchaus eine Menge Spaß machen. Zudem ist es für Ihr Geldbewusstsein prima, wenn Sie sich regelmäßig damit beschäftigen. Die einfachste Möglichkeit der privaten Vermögensverwaltung ist es, wenn Sie sich auf einem Blatt Papier die folgenden Daten je Fonds notieren:

- Fondsname
- Wertpapierkennnummer
- Anzahl der gekauften Fondsanteile

- Kurs
- Währung
- Währungskurs
- Vermögensbilanz
- Einstiegspreis (bei Einmalanlagen)
- Differenz

16.

Clevere Immobilienfinanzierung für risikofreudige Anleger

Vorweg: Das folgende Kapitel richtet sich an alle diejenigen, die ein gewisses Anlagerisiko nicht scheuen. Es ist eine Kombination für Gewinner mit starken Nerven. Sie erinnern sich an unsere Grundregel:

Aktienfondsanteile dürfen Sie niemals zu einem festen Zeitpunkt verkaufen müssen.

In der folgenden Kombination für Gewinner geht es darum, dass Sie richtig gewinnen können, wenn es gut geht, dass Sie im schlimmsten Fall jedoch Geld draufzahlen oder warten und nachfinanzieren müssen, falls zum gewünschten Zeitpunkt Ihr Aktienfondssparplan sich nicht wie gewünscht entwickelt hat. Daher gilt: Diese Kombination ist nichts für schwache Nerven oder für Anlegertypen, die ausschließlich auf Nummer sicher setzen!! Die im Folgenden beschriebene Form der Immobilienfinanzierung kann Ihnen viel Geld bringen. Je nach wirtschaftlicher Entwicklung an den Aktienmärkten kann es jedoch auch weitaus schlechter laufen als geplant.

Stellen Sie sich einmal vor, Sie finanzieren eine Immobilie. Sie haben Ihr Traumhaus gefunden, es kostet Sie mit allem Drum und Dran eine halbe Million. Gehen wir ferner davon aus, Sie zahlen Zinsen in Höhe von acht Prozent, dazu kommt ein Prozent Tilgung. Damit wäre die Immobilie in etwas mehr als 30 Jahren abbezahlt. Bis hierhin ist alles eine klassische Bankfinanzierung, weder Art noch Dauer der Finanzierung sind ungewöhnlich. Folgendes Berechnungsbeispiel zeigt, wie Sie Aktienfonds bei der Immobilienfinanzierung Gewinn bringend einsetzen können:

Sie überlegen, ob es nicht besser und Gewinn bringender ist, statt der Tilgung über die Bank den entsprechenden Tilgungsbetrag monatlich in einen Aktienfonds zu investieren und eines Tages über das im Aktienfonds angesparte Vermögen die Kreditschuld zu tilgen.

Ihre Tilgungsrate beträgt:
500 000 Mark (Kredit) mal 1 Prozent = 5 000 Mark
dividiert durch 12 Monate = 416 Mark

Angenommen, Sie würden nun jeden Monat 400 Mark in einen international anlegenden Aktienfonds investieren. Abzüglich eines Ausgabeaufschlags von angenommen fünf Prozent (zur Berechnung vgl. Seite 59 f.) verbleibt ein Betrag von rund 380 Mark, der dann jeden Monat in den Aktienfonds fließt. Betrachten wir im Folgenden, nach welcher Laufzeit, abhängig von unterschiedlich angenommenen Renditen pro Jahr, Ihre Kreditschuld von 500 000 abbezahlt wäre:

400 Mark monatliche Sparrate,
5 Prozent Ausgabeaufschlag

Angenommene durchschnittliche Rendite/Jahr	Jahre bis zu einem Vermögen von 500 000 Mark
6 Prozent	34 Jahre
8 Prozent	29 Jahre
10 Prozent	25 Jahre
12 Prozent	22 Jahre
14 Prozent	20 Jahre

Wenn der Aktienfonds, in den Sie Ihre »Tilgung« investiert haben, also durchschnittlich zehn Prozent erzielt, sind Sie fünf Jahre früher schuldenfrei. Sie können jedoch auch anders rechnen:

400 Mark monatliche Sparrate,
5 Prozent Ausgabeaufschlag

Angenommene, durchschnittliche Rendite/Jahr	Vermögen bei 30 Jahren Spardauer	Zusätzlicher Gewinn nach Tilgung des Kredits
6 Prozent	370 000 Mark	– 130 000 Mark (Verlust!)
8 Prozent	535 000 Mark	+ 35 000 Mark
10 Prozent	783 000 Mark	+ 283 000 Mark
12 Prozent	1 160 000 Mark	+ 660 000 Mark
14 Prozent	1 730 000 Mark	+ 1 230 000 Mark

Ergebnis: Wenn ein Fonds durchschnittlich zwölf Prozent Rendite pro Jahr erzielt, könnten Sie eines Tages Ihr Haus bezahlen und würden zusätzlich noch über 660 000 Mark verfügen.

Merke: Bei dieser Form der Immobilienfinanzierung (Tilgung über Aktienfonds) haben Sie Chancen auf zusätzliche Gewinne, so lange alles gut geht. Kommt es jedoch zu unvorhergesehenen Kursverlusten, ist auch das Risiko groß, dass Ihnen am Ende der geplanten Finanzierungsdauer Geld fehlt. Hier kann nur jeder für sich selbst entscheiden, wie er finanzieren will.

Hinweis: Immer wieder tauchen vermeintliche Geldgurus auf, die solche Form der Immobilienfinanzierung ohne Hinweis auf das Risiko empfehlen. Das ist schlichtweg unseriös. Die Chancen sind enorm, Risiken gibt es jedoch auch!

17.

Reich durch »Vater Staat«

Die Geldanlage in Aktienfonds wird staatlich gefördert. Die staatliche Prämie erhalten Sie, wenn Sie die folgenden Voraussetzungen erfüllen:

Verheiratete   max. 70 000 Mark zu versteuerndes Einkommen
Ledige   max. 35 000 Mark zu versteuerndes Einkommen

Wie sieht die Förderung genau aus?
Seit dem 1. Januar 1999 sind in Aktienfonds angelegte vermögenswirksame Leistungen (VL) für nahezu alle Arbeitnehmer ein Thema. Bei dem so genannten Beteiligungssparen erhalten Arbeitnehmer bzw. VL-Anleger eine staatliche Prämie von

20 Prozent (Westen)
25 Prozent (Osten)

auf den jährlich gesparten Betrag. Die Höchstgrenze der staatlichen Förderung ist dabei auf 800 Mark pro Jahr festgesetzt. Die 25 Prozent Förderung für Ostdeutschland sind allerdings bis zum Jahr 2004 befristet. Somit bekommen Sie bei 20 Prozent Förderung im Jahr 160 Mark im Westen geschenkt und im Osten 200 Mark.

VL-Anspruch prüfen
Um den Anspruch Ihrerseits auf VL zu prüfen, gibt es verschiedene Möglichkeiten:

1. Schauen Sie in Ihren Arbeitsvertrag. Dort ist in der Regel ein entsprechender Passus enthalten, ob Ihre Firma vermögenswirksame Leistungen zahlt oder nicht.
2. Sollte dieser Passus zu VL im Arbeitsvertrag einmal fehlen, ist der einfachste Weg der zur Personalabteilung oder im Zweifelsfall zur Buchhaltung.

3. In kleineren Unternehmen fragen Sie Ihren Abteilungsleiter oder Firmenchef.
4. Ernten Sie überall nur Schulterzucken, hilft das Internet weiter. Das wirtschaftswissenschaftliche Institut des Deutschen Gewerkschaftsbundes bietet ein so genanntes Tarifarchiv. Unter www.boeckler.de/wsi/tarchiv finden Sie alle Angaben zu den tariflichen Vereinbarungen.

Aktienfonds auswählen
Erkundigen Sie sich beim Bundesverband der Investmentgesellschaften (BVI) nach den Fonds, die aktuell für VL-Leistungen möglich sind. Der BVI sendet Ihnen alle relevanten Informationen zum Thema VL zu (Tel.: 069/154090-0). Nach Vorlage der Informationen wenden Sie sich ggf. an einen der Berater des Bundesverbandes der Deutschen Investmentberater.

Vertrag abschließen
Wenn Sie sich – ggf. nach Beratung – für einen der in Frage kommenden Fonds entschieden haben, reichen Sie die unterschriebenen Zeichnungsunterlagen des VL-Sparvertrages in der Buchhaltung Ihrer Firma ein. Der Arbeitgeber muss Name und Anschrift der Firma eintragen und das Formular mit Firmenstempel versehen. Wie im Vertrag vereinbart, überweist dann der Arbeitgeber die Sparrate. Als Kunde erhalten Sie wie auch Ihre Firma je eine Durchschrift, das Original des Vertrages erhält die Fondsgesellschaft.

VL versteuern und Prämie kassieren
Zahlt Ihre Firma vermögenswirksame Leistungen, müssen Sie diese Zahlungen versteuern. Auf der Rückseite Ihrer Steuerkarte bescheinigt der Arbeitgeber, in welcher Höhe VL gezahlt wurden. Im Steuerformular N Ihrer jährlichen Steuererklärung tragen Sie den vom Arbeitgeber genannten Betrag ein. Ebenso müssen Sie im Hauptvordruck Ihrer Einkommensteuererklärung oder der Arbeitnehmerveranlagung das Feld »Antrag auf Festsetzung der Arbeitnehmersparzulage« ankreuzen. Dann beantragen Sie bei Ihrer Fondsgesellschaft eine Bescheinigung über die gezahlten VL, diese Bescheinigung heften Sie an die Anlage N.

Maximal kassieren

Wenn Ihre Firma nicht die höchstmöglichen vermögenswirksamen Leistungen zahlt, sollten Sie aus eigenen Mitteln die Beträge aufstocken, um die maximale Förderung zu erhalten.

Wie lange wird gefördert?

VL-Verträge laufen sieben Jahre. Davon wird jeweils sechs Jahre einbezahlt, und im siebten Jahr ruht das angesparte Vermögen. An Ihr Geld kommen Sie also erst nach diesen sieben Jahren.

Tipp 1: Verwenden Sie VL nicht als »Konsumsparen«, also so, dass Sie in sieben Jahren das angesparte Vermögen sofort wieder ausgeben. Sparen Sie für später, und lassen Sie das einmal angesparte Guthaben sich weitervermehren.

Tipp 2: Im Frühjahr 1999 tauchten plötzlich zahlreiche Kombinationsmodelle für die Inanspruchnahme aller vermögenswirksamen Leistungen auf. Also: Aktienfondssparen inklusive Förderung, ferner Bausparen inklusive Förderung und Wohnungsbauprämie. Die neuen Kombiprodukte hießen »3P« oder »Leo4Plus« oder »TriMax« etc. Hierbei gilt: Die Finanzanbieter setzten dabei, aus ihrer Sicht zu Recht, auf die Bequemlichkeit der Kunden, die drei Verträge mit drei Förderungen auf einen Streich abschließen wollen. Diese Kombiprodukte waren/sind teilweise nicht schlecht. Der unbequemere Weg bringt jedoch bessere Ergebnisse: Die Wahl des renditestärksten Bausparvertrags kombiniert mit den besten VL-Fonds. Wer hier richtig kombiniert, gewinnt.

18.

Wie erfolgreich klingende, langfristige Wertsteigerungen in die Irre führen

Die Gier spielt bei der Kapitalanlage bekanntermaßen eine große Rolle. Nicht umsonst finden Anlagebetrüger immer wieder neue Geldopfer, indem sie hohe, überdurchschnittliche Renditen versprechen und dabei mit der Geldgier vieler Leute spekulieren. Ein beliebtes Spiel in Zusammenhang mit den Ergebnissen von Investmentsparplänen ist die Angabe hoher Prozentzahlen für vergangene Zeiträume. Ein Beispiel:

In den letzten 20 Jahren
erzielten Aktienfonds eine
Wertsteigerung von 786 Prozent

Die Zahl hört sich gewaltig an. Immerhin ergibt sich nach einer ersten überschlägigen Rechnung eine durchschnittliche Wertentwicklung von

786 dividiert durch 20 Jahre
= 39,3 Prozent

Kennen Sie eine vergleichbare Geldanlage, die Ihnen 39,3 Prozent Wertentwicklung bringen könnte? Wenn Sie dieses Ergebnis nun mit der Rendite einer Sparbuchanlage mit beispielsweise drei Prozent vergleichen, vergleichen Sie Äpfel mit Birnen, denn die 786 Prozent oder sonstigen genannten Zahlen sind nichts anderes als das Endergebnis nach vielen Jahren Zins und Zinseszins. Hierbei gilt: Je länger der Zeitraum der betrachteten Anlage ist, desto irreführender sind die Zahlen der absoluten Wertsteigerung.

Ein Beispiel:

Aktienfonds-Sparplanergebnis

	... in 2 Jahren	... in 20 Jahren
Wertsteigerung in Prozent (absolut)	30 Prozent	300 Prozent
Wertsteigerung in Prozent pro Jahr	*15 Prozent* ◆	*15 Prozent*

Bis hierhin, nach den Zahlen der durchschnittlichen Wertsteige-rung pro Jahr, scheinen beide Sparpläne noch das gleiche Ergeb-nis für Sie erzielt zu haben. Genau nachgerechnet wird es jedoch spannend.

Effektive Rendite pro Jahr (gerundet)	**14 Prozent**	**7 Prozent**
Geschöntes Ergebnis jedes Jahr um…	**1 Prozent**	**8 Prozent**

Ergebnis: In beiden Fällen war die durchschnittliche Wertsteige-rung pro Jahr mit 15 Prozent gleich. Die ehrliche Rendite liegt jedoch im ersten Fall (zwei Jahre) bei 14 Prozent und im zweiten Fall (20 Jahre) bei lediglich sieben Prozent. Der Grund: Je län-ger die Laufzeit umso größer ist der Zinseszinseffekt, der in der durchschnittlichen Wertsteigerung pro Jahr gewissermaßen »ver-steckt« ist.

Tipp: Verlangen Sie einfach von Ihrem Berater schriftlich zu dem Fonds, den er Ihnen empfiehlt, die Rendite nach Kosten und pro Jahr für verschiedene Zeiträume (1, 3, 5, 10, 15 und 20 Jahre – soweit der Fonds schon so lange existiert).

Neben dem Vergleich der erzielten Renditen müssen Sie noch ein zweites Kriterium berücksichtigen: Das Risiko! Als Risiko bei Investmentfonds betrachtet man in der Regel die Kurs-schwankungen. Profis sprechen auch von Volatilität. Erkundigen Sie sich bei Ihrem Berater nach diesem Risiko bei den einzelnen Fonds.

Als letztes Kriterium bei der Renditebetrachtung müssen Sie auf die Währung des Fonds achten. Hier kommt es immer wieder zu »schöngerechneten« Ergebnissen. Wenn beispielsweise ein in US-Dollar notierter Fonds eine jährliche Rendite von 15 Prozent erzielt hat, sagt das noch nichts über Ihr Ergebnis aus, wenn Sie in Mark anlegen. Lassen Sie sich in solchen Fällen stets die Ren-dite für Sie als DM-Anleger berechnen.

Merke: »Reich mit Aktienfonds« lautet der Titel des vorliegenden Buches. Reich werden Sie natürlich nur, wenn Sie sich nicht von falschen »Wertentwicklungs«- oder Renditezahlen blenden lassen und wissen, wie Sie richtig rechnen, auf welche Fallstricke Sie achten und wonach Sie fragen müssen. Eines ist sicher: Wenn Ihr Berater nicht in der Lage ist, Ihnen die verlangten Zahlen zu nennen, hat er mit großer Wahrscheinlichkeit auch nicht den Überblick und die notwendigen Informationen, die er haben müsste, um Sie gut zu beraten. Im Zweifelsfall heißt es »Finger weg!«, oder Sie wenden sich an eines der Mitglieder des Bundesverbandes Deutscher Investmentberater (vgl. Kapitel »Kauf und Verkauf«).

19.

Vier Gründe, warum es wichtig sein kann, den Manager eines Fonds zu kennen

1. Gute Manager sorgen für gute Renditen. Wechselt der Fondsmanager, so kann ein Fonds trotz in der Vergangenheit guter Renditen plötzlich zum Flop werden. Natürlich kann auch der umgekehrte Fall eintreffen: Schlechte Manager sorgen für schlechte Renditen. Wechselt der Fondsmanager, so kann der Fonds trotz in der Vergangenheit schlechter Renditen plötzlich zum Spitzenfonds werden. Hierzu ein Beispiel:

Der *VMR Internet & Softwarefonds* bereitete seinen Anlegern lange Zeit Sorgen. Trotz Kursexplosion der Internetaktien kam dieser Fonds nicht so recht ins Laufen, die Rendite war unterdurchschnittlich im Vergleich zur Marktentwicklung. Dann plötzlich geschah es: Von Woche zu Woche stieg der Fonds auf neue Hochkurse. Was hatte sich geändert? Die Researchabteilung bestand unverändert, die Mittelzuflüsse waren auch nicht der

Grund, und am Marketing des *VMR Internet & Softwarefonds* hatte sich auch nichts geändert. Die einzige Vermutung, die auch zutraf: Das Management des Fonds war ausgetauscht worden. Die Fondsgesellschaft hatte rechtzeitig reagiert und Köpfe rollen lassen. Neuer Fondsmanager wurde Alfred Maydorn. Dabei gilt: Berufserfahrung ist nicht alles. Auch so mancher Youngster im Fondsmanagementgeschäft hat sich an die Spitze gesetzt. So zum Beispiel Carmen Weber, verantwortlich für den *Metzler Euro Growth,* der bereits genannte Alfred Maydorn, der 1998 mit 138 Prozent Plus den *DAC-Fonds UI* erfolgreich managte, dann in 1999 – wie oben beschrieben – den *VMR Internet Vision* ins Spitzenfeld managte. Auch Wassili Papas, Fondsmanager der Union Investment, zählt zu den jungen Stars unter den Fondsmanagern. Er betreut den *UniDynamik Europa*, der bis einschließlich 1999 unter den ersten vier seiner Kategorie zu finden war. Ein besonderes Highlight zweier junger Fondsmanager ist der *Ennismore Smaller Companies Fonds.* Die beiden Fondsmanager Gerhard Schöningh und Geoff Oldfield lernten ihr Handwerk bei der britischen Fondsgesellschaft Baring und brachten dort den *Baring Europa Select* an die Spitze. Anschließend gründeten sie ihre eigene Gesellschaft und liegen mit ihrem Fonds Ennismore auf Platz eins.

Das Problem: Deutsche Fondsgesellschaften nennen den Namen der Fondsmanager nur ungern oder überhaupt nicht.

Hintergrund:
Dahinter steht die berechtigte Furcht, Kunden könnten einem Fondsmanager hinterherwandern, wenn dieser das Haus verlässt. Anleger, die bei Deutschen Fondsgesellschaften hartnäckig nachfragen, erhalten nicht selten die Antwort: »Bei uns ist ein ganzes Team für den Anlageerfolg verantwortlich«. Tatsache jedoch ist: Letztlich trifft bei jedem Fonds trotz eines tollen Teams ein Fondsmanager zum Ende die maßgeblichen Entscheidungen. Sicherlich hängt die Performance nicht nur an einer einzigen Person, auch der Unterbau zählt. Aber der Fondsmanager bleibt entscheidend. Amerikanische Fondsgesellschaften sind hier weitaus offener: Nicht selten sind die Topmanager bekannt durch zusätzliche Buchveröffentlichungen und werden gerne zum Kult aufge-

baut. In Deutschland gibt es nur wenige prominente Beispiele: So Kurt Ochner, der seit einiger Zeit den *JB Multistock-Special German Stock* managt. Ochner verdoppelte den Wert seines Fonds in 1999 und war damit einer der Top-Fondsmanager. Fazit bleibt: Den Manager zu kennen kann wichtig sein. Denn streng genommen investieren Sie Ihr Geld nicht in einen Fonds, sondern in einen Manager. Auch professionelle Fondspicker schauen sich das Fondsmanagement stets gut an, bevor sie kaufen.

2. Manche Manager haben eine Vorliebe für bestimmte Anlagekategorien oder handeln nur nach ganz bestimmten Prinzipien. Ein Beispiel: Mark Holowesko, Manager des *Templeton Growth Fonds* zum Zeitpunkt der Erstauflage dieses Buches, gerät wegen seines »wertorientierten« Investmentstils stark unter Druck. Die Renditeentwicklung seines Fonds ist im Vergleich zu anderen ziemlich mager. Der Hintergrund: Durch das Festhalten am »wertorientierten« Stil investiert Holowesko nicht oder nur wenig in die neuen Wachstumswerte. Das Problem: Niemand weiß, ob der Investmentstil von Holowesko noch zeitgemäß ist. Für Sie als Anleger sind solche »Kleinigkeiten« jedoch wichtig.

3. Manager, die bereits über eine gewisse Erfahrung verfügen und nachweislich einzelne Fonds bereits an die Spitze brachten, sind häufig auch in Zukunft mit den von ihnen betreuten Fonds an der Spitze zu finden.

4. Handelt es sich um Spezialfonds, sind selbst die meisten Fondsgesellschaften der Meinung, dass in diesen Fällen der Fondsmanager eine sehr wichtige Rolle spielt. Denn nicht selten bewegen sich Spezialfondsmanager ohne großen Unterbau, sprich ohne großes Fondsteam. Wenn bei einem Spezialfonds ein Fondsmanager geht, sollten Anleger in jedem Fall kritisch nachfragen und gegebenenfalls aus einem Spezialfonds vorübergehend aussteigen, bis klar ist, wer Nachfolger wird.

20.

Aktienfonds für Kinder & Jugendliche: Warum »Aktienfondssparen« Pflichtfach an jeder Schule sein sollte

Leser meines Buches »Systematisch reich!« kennen meine Einstellung zum Thema Geldausbildung an Schulen. Vorab: Es gibt zahlreiche Lehrerinnen und Lehrer, die Tag für Tag einen prima Job machen und mit allem Einsatz versuchen, unseren Kindern das Wissen für eine erfolgreiche Zukunft, das notwendige Fundament zu vermitteln. Vor diesen Menschen habe ich großen Respekt: Es ist nicht einfach, diese Verantwortung für junge Menschen zu übernehmen und angesichts des an Schulen zunehmenden persönlichen wie beruflichen Drucks Tag für Tag mit Disziplin umzusetzen. Was mich persönlich jedoch sehr berührte, war die folgende Geschichte:

Wir versuchten vor einiger Zeit über eine Schulbehörde für einen gesamten Regierungsbezirk die Wirtschafts- und Sozialkundelehrer einzuladen. Es handelte sich dabei um rund 15 bis 20 eingeladene Personen. Ziel unseres Institutes war es, Lehrern möglichst komprimiert unabhängiges Geldwissen zu vermitteln, das diese an ihre Schüler weitertragen sollten. Der offizielle Einladungstermin lautete auf einen Wochentag, nachmittags gegen 15:00 Uhr. Mit dabei und voller Engagement war – neben dem Schuldirektor des Regierungsbezirks – der Leiter der örtlich ansässigen Volkshochschule. Ein Kollege unseres Institutes und ich kamen gegen 14:00 Uhr an. Im Veranstaltungsraum saßen bereits der Schuldirektor und der Leiter der Volkshochschule. Die Zeit verstrich, es war kurz vor 15:00 Uhr, es wurde 15:00 Uhr, niemand erschien. Als auch um 15:30 Uhr noch niemand außer uns vier Veranstaltern zu sehen oder zu hören war, verabschiedeten wir uns gegenseitig. Unser Vorhaben war trotz prima gestalteter Einladung gründlich gescheitert. Was war der Grund? Wir hatten einige Tage keine Begründung, bis ich mich über diesen Vorfall mit

171

einer befreundeten Lehrerin unterhielt. Auf Anhieb traf sie den Punkt:

»Wie könnt ihr denn auf einen üblicherweise freien Nachmittag ein Treffen für Lehrer ansetzen. Dafür sind die viel zu bequem. Da müssten sie doch mehr tun, als im Unterrichtsplan vorgeschrieben ist.«

Zuerst konnte ich es kaum glauben, dass dies der Grund gewesen sein sollte. Aber weitere Gespräche mit anderen engagierten Lehrern bestätigten diese Meinung. Die Menschen, die unsere Kinder unterrichten, hatten offensichtlich kein Interesse an der Zukunft der ihnen anvertrauten Schüler, wenn es sie zwei Stunden der ansonsten freien Zeit kosten könnte. Da der Versuch damals scheiterte, Lehrer zum Thema »Geldunterricht« zu bewegen, möchte ich in diesem Buch einmal mehr die Gelegenheit wahrnehmen und anhand eines Beispiels aufzeigen, wie wichtig Geldunterricht an Schulen wäre. Wenn der Ausspruch, den so mancher Lehrer gegenüber Schülern zitiert »Nicht für die Schule, für das Leben lernt ihr«, auch für Lehrer Gültigkeit hat, sollten die verantwortlichen Wirtschafts- und Sozialkundelehrer schnellstens umdenken und Verantwortung für ihre Schüler auch in Bezug auf Geldausbildung übernehmen. Einzelne Wirtschafts- und Sozialkundelehrer tun es bereits wie Herr Rüdiger Diekel, der im Dezember 1998 an der Groß Rekener Overberg-Hauptschule einen Geldunterricht durchführte und der seine Schüler bis heute immer wieder aufs Neue fit in Finanzen, Aktien, Börse macht. n-tv GELD war damals live dabei, und seitdem trage ich mit Stolz die Bezeichnung »Erster Geldlehrer Deutschlands«.

Beispiele zu Geldunterricht an Schulen

Michael S. ist 16 Jahre jung. An seiner Schule gibt es seit über einem Jahr Geldunterricht, an dem alle Schüler der 9. bis 13. Klasse teilnehmen können. Michael S. hat daher schon einiges über Aktien, Aktienfonds und die Wirkung des Zinseszinses gehört. Bislang dachte er stets, wenn sein Vater ihn zum Sparen ermahnte, Sparen sei blöd und man könne Sparen auf später verlegen, wenn man mehr Geld verdient. Jetzt aber hat er sich Folgendes ausgerechnet:

Er verdient sich regelmäßig als Computerexperte etwas dazu, wenn er Freunden oder Verwandten bei Computerproblemen hilft. Im Monat kommen hier schnell 200 Mark zusammen. Michael ist sparsam. Neben seinem Taschengeld kann er so durchaus 100 Mark im Monat sparen. Wenn er die nächsten vier Jahre bis zum Ende seiner Schulausbildung monatlich diese 100 Mark in einen erfolgreich anlegenden Aktienfonds spart, verfügt er mit 20 Jahren über knapp 6 000 Mark. Wer hier für seine Kinder individuell passende Zahlen errechnen möchte, kann mit der folgenden Tabelle arbeiten. Bitte beachten Sie: Zur Vereinfachung wurden die Zahlen gerundet. Beim genauen Nachrechnen kann also das tatsächliche Ergebnis von dem der folgenden Tabelle abweichen.

Tabelle 1

Reich mit Investmentfonds Schulzeit = Sparzeit (für monatliche Sparpläne)				
Schulzeit-Sparjahre	Rendite pro Jahr			
	8	10	12	14
3	40	42	43	44
4	56	58	60	63
5	73	77	80	84
6	76	81	85	91
7	92	99	106	114
8	110	119	130	140
© www.FINANZ-INSTITUT-Kloeckner.de				

173

So arbeiten Sie mit der Tabelle:
Beispielsweise hat Ihre Tochter noch fünf Schulzeit-Sparjahre
vor sich. Sie wollen nun wissen, wie hoch das Vermögen Ihrer
Tochter sein könnte, wenn sie monatlich 100 Mark fünf Jahre lang
spart und ein Aktienfonds eine durchschnittliche Rendite von
zehn Prozent jährlich bringt. Das Ergebnis:

Monatliche Sparrate mal Faktor aus der Tabelle
in unserem Beispiel:
100 Mark mal Faktor 77 = rund 7 700 Mark

Michael S. rechnet nun weiter, was (wiederum zehn Prozent durchschnittliche Rendite pro Jahr unterstellt) aus seinen 6.000 Mark
über die nächsten Jahrzehnte an Vermögen werden könnte, selbst
wenn er mit 20 Jahren wieder zu sparen aufhört. Das Ergebnis:

Wenn er 50 ist, wären es rund 93 000 Mark.
Wenn er 60 ist, wären es rund 230 000 Mark.

Wer für seine Kinder individuell passende Zahlen errechnen
möchte, kann mit der folgenden Tabelle arbeiten:

Tabelle 2

Reich mit Investmentfonds Wiederanlage des in der Schulzeit gesparten Vermögens ohne weiteres Sparen			
Sparjahre	Rendite pro Jahr		
	8	10	12	14
10	2	3	3	4
20	5	7	10	14
30	10	17	30	51
40	22	45	**93**	189
50	47	117	289	700
© www.FINANZ-INSTITUT-Kloeckner.de			

So arbeiten Sie mit der Tabelle:
Angenommen, aus Tabelle 1 haben Sie für Ihre Tochter die rund
7 700 Mark ermittelt. Um ihr nun zu zeigen, was aus diesen 7 700
Mark in 40 Jahren bei einer angenommenen, durchschnittlichen
Rendite pro Jahr von 12 Prozent werden kann, rechnen Sie wie
folgt:

Vermögen (aus Schulzeit = Tabelle 1) mal Faktor aus Tabelle 2

In unserem Beispiel:
7 700 Mark mal Faktor 93 = rund 716 000 Mark

Das bedeutet: Ohne auch nur eine Mark zusätzlich zu sparen, besitzt Ihre Tochter dadurch, dass sie im Geldunterricht frühzeitig
von Zins und Zinseszins erfahren hat, eines Tages womöglich
rund eine dreiviertel Million Mark.
  Dass im Übrigen mein Einsatz für eine Geldausbildung, für
Geldunterricht an Schulen immer wieder positiv begrüßt und un-
terstützt wird, zeigen zahlreiche Mails und Zuschriften an unser
Institut stellvertretend die folgende von Herrn Ferriere:

»**Sehr geehrter Herr Klöckner,**
ich habe heute Ihr Buch ›Systematisch reich!‹
gelesen. Dabei hat mich ein Kapitel besonders begeistert:
›Geldausbildung an Schulen‹. Tolle Einstellung!
Sie verdienen zu Recht die Bezeichnung ›Geldlehrer‹.
Ich erlaube mir daher, Sie zu ermuntern, weiter
›Entwicklungshilfe‹ zu leisten, um die Menschen zu
Eigenverantwortung zu ermutigen … Es wird Zeit, dass,
genau wie im Internet, die Jugend eigene Wege geht.
In diesem Sinne: VIEL ERFOLG.«

Danke schön, Herr Ferriere, und Danke schön für die zahlreichen
übrigen Zuschriften, die ich leider nicht alle an dieser Stelle wiedergeben kann! Ihre »Ermunterung« ist, wie Sie an diesem Kapitel in diesem Buch sehen, angekommen.

Anmerkung: Für die großen Investmentfondsgesellschaften wäre es ein Leichtes, Geldunterricht an Schulen mit vorwärts zu treiben. Wenn alle Beteiligten es wirklich wollen: Eltern, Schulen und die »Geldlehrer«, dann würde ein wichtiges Stück Geldverantwortung erfüllt, das wir unseren Kindern für deren finanzielle Zukunft schuldig sind. Unsere Kinder würden mit Spaß das Fundament für finanzielle Freiheit bereits in jungen Jahren legen, und die die Aktion »Geldunterricht an Schulen« unterstützenden Fondsgesellschaften hätten die Chance, ihre Kunden von morgen zu gewinnen. Wären Sie nicht auch froh gewesen, neben Mathematik, Biologie, Geschichte und allen anderen Fächern hätte es das Thema »Geldunterricht« gegeben und Sie somit schon in jungen Jahren erfahren hätten, wie Ihnen jedes Sparjahr und jede hundert Mark auf Dauer ein großes Vermögen bringen?

MEINE BITTE AN SIE:

Unterstützen Sie mein Bemühen, Geldunterricht an Schulen zum Pflichtfach werden zu lassen. Sie haben als Eltern eine Menge Macht. Fordern Sie zu gegebener Zeit oder bei Elternversammlungen Geldunterricht für Ihre Kinder. Wenn Sie wollen, schildern Sie mir schriftlich Ihre Erfahrungen. Denken Sie daran: Ihre Kinder verfügen über das wichtigste Gut, um reich zu werden: Zeit, Zeit, Zeit! Wenn es schon heißt: »Nicht für die Schule, für das Leben lernen wir!«, ist Geldunterricht ein Muss.

DANKE!

21.

Wichtige Fragen und Antworten rund um erfolgreiches Aktienfondssparen

- **Kann ich jederzeit meine Fondsanlage/meinen Fondssparplan aufstocken?**

Ja! Das so genannte »Nachzeichnen« ist völlig problemlos und jederzeit möglich. Zudem ist es einfach, da die Fondsgesellschaft bereits alle Ihre Daten erfasst hat, genügt es, wenn Sie Ihren Zusatzbetrag überweisen. Entweder a) auf das Konto der Depotbank oder b) auf das Konto der angegebenen Zahlstelle.

- **Ich beabsichtige, meine Fonds innerhalb der gleichen Fondsgesellschaft zu wechseln. Die bislang gehaltenen Fondsanteile habe ich erst vor fünf Monaten gekauft. Beginnt dann trotzdem die Spekulationsfrist neu?**

Ja, die Spekulationsfrist beginnt in diesem Fall neu. Grundsätzlich gilt der Kauf und Verkauf von Anteilen als Beginn bzw. Ende der Spekulationsfrist. Es ist dabei gleich, ob innerhalb einer Fondsgesellschaft oder zu einer anderen Fondsgesellschaft gewechselt wird. Wenn Sie innerhalb der 12-monatigen Spekulationsfrist verkaufen, zahlen Sie, Gewinn vorausgesetzt, Steuern.

- **Kann ich das Fondsmanagement bei Anlagefehlern verklagen?**

Diese Frage stellen Anleger häufig, wenn sie nach vielen Jahren konstatieren, dass der eigene Fonds ein völliger Flop im Vergleich zu Wettbewerbern ist. Die Antwort ist jedoch ein klares NEIN. Eine Klage macht nur Sinn, wenn ein Fondsmanager offensichtlich und vor allem nachweislich gegen im Verkaufsprospekt genannte Anlagegrundsätze verstoßen hat. Einen Fondsmanager oder ein Fondsmanagement auf Grund mageren Anlageerfolges zu verklagen ist nicht möglich. Was jedoch wichtig ist: Sie sollten die in einem Beratungsgespräch genannten Anlageziele schriftlich festhalten, am besten sogar noch den eigenen Partner als Zeugen dabeihaben. So gibt es Urteile aus dem Jahr 1995, in denen es darum ging, dass Anleger Anfang 1994 für kurze Zeiträume risikolos Geld anlegen wollten und Bankberater Rentenfonds empfahlen. Dummerweise erhöhte Alan Greenspan im Frühjahr 1994 überraschend die Zinsen, die internationalen Rentenmärkte folgten. Das Ergebnis: Steigende Zinsen führten zu sinkenden Kursen von Rentenfonds. Anleger, denen Rentenfonds als »sicher« verkauft worden waren, sahen zu, wie die Kurse so manches Rentenfonds um zehn Prozent und mehr sanken. Wer hier nachweisen konnte, dass er eine wirklich risikofreie Geldanlage wünschte, hatte gute Chancen, vom Berater oder der jeweiligen Bank Geld zurückzubekommen.

- **Gibt es bei der Geldanlage in Aktienfonds wirklich null Risiko hinsichtlich der Sicherheit der angelegten Gelder?**

In diesem Buch wurde zu Beginn das Prinzip der Investmentfondsidee beschrieben. Für in Deutschland zum Vertrieb zugelassene Investmentfonds gelten strenge Gesetze und Vorschriften. Immer wieder tauchen jedoch Kritiker auf, die vermeintliche Missstände anprangern. So gibt es kritische Stimmen, die behaupten, dass durch häufiges Umschichten innerhalb eines Fonds Gebührenschinderei betrieben werde könnte. Richtig ist: Theoretisch könnte dies bei vielen deutschen Investmentgesellschaften der Fall sein. Gehören Investmentgesellschaft und Depotbank zu einer Firmengruppe –, was bei ausländischen Fondsanbietern eher selten der Fall ist – könnte es zu Gebührenschinderei kommen. Doch der harte Wettbewerb sorgt letztlich dafür, dass Fondsmanager Top-Renditen bringen müssen. Auf Dauer könnte sich solch eine Gebührenschinderei kein Fondsmanager leisten. Das gleiche Argument gilt für den Einwand, Fondsgesellschaften könnten in Fonds leicht Werte aus dem »Eigenbestand« drücken, die nicht besonders gut laufen. So etwas mag kurzfristig funktionieren, langfristig würde sich jedes Fondsmanagement jedoch selbst schaden. Über einen gravierenden Fall schreibt Anke

Dembowski in ihrem »Profi-Handbuch Investmentfonds«: Um rund 30 Millionen schädigte ein Ex-Fondsmanager seine Kunden. Nachdem der Schwindel aufgeflogen war, wurden jedoch alle Kunden entschädigt. Letzteres ist dann auch maßgeblich. Seit der großen IOS-Pleite gibt es keinen markanten Fall, bei dem Investmentfondsanleger einen Schaden erlitten hätten. Fazit: Auch wenn gegen Betrug keine Vorschriften helfen, solange Sie in in Deutschland zugelassene Aktienfonds Ihr Geld anlegen, geht es kaum sicherer.

- **Ist ein Top-Fonds einer Fondsgesellschaft ein Zeichen dafür, dass alle Fonds dieser Gesellschaft bestens gemanagt sind?**

Nein! Wie schon beschrieben, ist das Fondsmanagement entscheidend, und jeder Fonds hat ein ganz bestimmtes Fondsmanagement, einen ganz bestimmten Fondsmanager. Hier führt also kein Weg daran vorbei, dass Sie sich die Mühe machen und die Fondsergebnisse der unterschiedlichen Fonds einzelner Kategorien vergleichen.

- **Ist die Fondsgesellschaft pleite, wenn alle Anleger auf einen Schlag ihre Fondsanteile verkaufen wollen?**

Einen gewissen Barbetrag müssen alle Fonds für die Rückkäufe zur Verfügung haben. Der größte Teil beispielsweise eines Aktienfonds ist natürlich in Aktien, gemäß den Vorgaben im Fondsprospekt, investiert. Würden nun alle Anleger an einem bestimmten Tag alle Fondsanteile verkaufen wollen, müsste das Fondsmanagement zwangsläufig das gesamte Fondsvermögen zu den jeweiligen aktuellen Kursen der im Fondsvermögen gehaltenen Wertpapiere auflösen. Damit könnte, wie einige Pessimisten seit Jahren immer wieder behaupten, ein weltweiter, großer Börsencrash ausgelöst werden. Gegen dieses Szenario spricht jedoch, dass die Börse von Angebot und Nachfrage lebt. Ein zu hohes Verkaufsangebot würde die Börsenkurse derart drücken, dass es irgendwann wieder zahlreiche Käufer gäbe, die die günstigen Kurse zum Kauf nutzen würden.

● Sind ausschüttende Fonds nicht grundsätzlich interessanter?

Dieses Vorurteil hält sich bis heute hartnäckig bei so manchem Anleger. Zunächst eine kurze Erklärung zu diesen Fonds: Ausschüt-
tende Fonds schütten einmal im Jahr den jeweiligen Ertrag des
Jahres an Sie aus. Wer größere Geldsummen angelegt hat, der kann
diese Ausschüttungen womöglich als Zusatzrente verbrauchen.
So genannte thesaurierende Fonds dagegen legen die Ausschüttung, also den Ertrag direkt wieder an. Sie erhalten also so lange
kein Geld, solange Sie selbst nicht einzelne Fondsanteile verkaufen. Für alle Sparpläne sollten Sie ausschließlich thesaurierende
Fonds wählen. Eine kurze Nachfrage bei Ihrem Berater genügt,
und Sie wissen, ob es sich bei dem Fonds, für den Sie sich interessieren, um einen ausschüttenden oder thesaurierenden Fonds handelt. Die Höhe der Ausschüttung ist ganz klar kein Gütesiegel. Im
Gegenteil, Ausschüttungen können belastend sein, weil das Fondsmanagement große Geldbeträge vor dem jeweiligen Ausschüt-
tungstermin bereithalten muss. Außerdem sollten Sie, wenn Sie auf
Dauer reich mit Aktienfonds werden wollen, in jedem Fall den
Zinseszinseffekt nutzen. Wenn Sie Ausschüttungen entnehmen
und diese nicht wieder investieren, entfällt für die Höhe dieser
Ausschüttungen der Gewinnturbo des Zinseszinseffekts. Wenn Sie
Ausschüttungen entnehmen und diese sofort wieder investieren,
dann können Sie auch sofort in thesaurierende Fonds investieren.
   Tipp: Wenn Sie Ihr Fondsvermögen direkt bei der Fondsgesell-
schaft verwalten lassen und nicht übers Bankdepot, sparen Sie
Gebühren. Denn bei Verwaltung über die Fondsgesellschaft geschieht dies kostenlos und automatisch.

● Was ist, wenn sich nachträglich meine Anschrift, meine Tele-
fonnummer ändert, der Freistellungsauftrag korrigiert oder
sonst etwas geregelt werden muss?

Fragen Sie nach Zeichnung eines Investmentfonds-Sparvertra-
ges oder wenn Änderungen Ihres Sparplans anstehen nach entsprechenden Formblättern, die fast jede Gesellschaft bereithält.
Der Vorteil dieser Formblätter: Sie vermeiden Fehler bei den Angaben, und allen Beteiligten wird die Arbeit erleichtert.

- **Wie stelle ich bei ausländischen Fonds sicher, dass sie zum Vertrieb in Deutschland berechtigt sind?**

Zunächst einmal erkundigen Sie sich bei der jeweiligen Fondsgesellschaft oder gegebenenfalls dem Berater. Wenn Sie hier nicht weiterkommen oder Ihnen die Auskunft unsicher erscheint, bietet es sich an, beim Bundesaufsichtsamt für das Kreditwesen (BaKred) in Berlin nachzufragen. Hier erhalten Sie eine Übersicht über alle in Deutschland vertriebsberechtigten Fonds (Telefon BaKred 030/8436-0).

- **Was sagt der absolute Fondsanteilspreis über die Erfolgsaussichten aus?**

Auch hier gibt es bei einigen Fondsinteressierten immer wieder das Missverständnis oder die falsche Vermutung, dass optisch günstige Fondsanteile größere Gewinnaussichten hätten als optisch teure Anteile. Das stimmt so nicht. Schließlich errechnet sich der Fondsanteilspreis aus der Höhe des gesamten Fondsvermögens dividiert durch die Anzahl der ausgegebenen Fondsanteile. Wurden viele Fondsanteile herausgegeben, ist der Fondsanteilspreis naturgemäß geringer, als wenn lediglich wenige Fondsanteile herausgegeben wurden.

- **Ich habe einen Investmentfonds gekauft, finde aber in der Zeitung keine veröffentlichten Preise. Was kann ich tun?**

Die Fondsgesellschaften sind dazu verpflichtet, in mindestens einer deutschen Tageszeitung den Ausgabe- und Rücknahmekurs zu veröffentlichen. Wenn Sie keine Notiz in Ihrer Tageszeitung finden, wenden Sie sich unmittelbar an die Fondsgesellschaft, und fragen Sie nach, in welcher Zeitung die Preise veröffentlicht werden.

IHR WEG ZU REICHTUM

1.

Das Geheimnis des Freiheitsvermögens©

Reich und frei zu sein, jeden Tag aufs Neue finanzielle Unabhängigkeit genießen zu können, wer wünscht sich das nicht? Dieses Ziel ist gar nicht so weit weg, wie Sie vielleicht denken, doch leider nehmen sich die wenigsten Menschen die Zeit, genau auszurechnen, wie hoch das Vermögen zur finanziellen Freiheit sein muss. Ich nenne dieses Vermögen »Freiheitsvermögen«. An diesem Schritt führt nichts vorbei.

In den vorangegangenen Kapiteln haben Sie alles Wichtige rund um erfolgreiches Aktienfondssparen erfahren. Sie kennen die verschiedenen Aktienfondstypen, Sie kennen die Geldgesetze der Gewinnsparer. Im Folgenden geht es nun darum, wie Sie Ihr Freiheitsvermögen berechnen und mithilfe dieses Freiheitsvermögens Ihren individuellen Finanzplan für den Weg zu Reichtum aufstellen. Die Höhe dieses Freiheitsvermögens bestimmen Sie dabei selbst. Es ist letztlich der Betrag, der Ihnen heute als Jahreseinkommen zur Verfügung steht. Sind Sie mit diesem Jahreseinkommen nicht zufrieden, so wählen Sie in der folgenden Tabelle 1 den Betrag, der Ihren Wunschvorstellungen entspricht. Anschließend fahren Sie in der jeweiligen Zeile nach links und ermitteln das notwendige Freiheitsvermögen. Wenn Sie momentan zum Beispiel 100 000 Mark verdienen, Ihre Vorstellungen von finanzieller Freiheit jedoch bei 180 000 Mark liegen, wählen Sie diese Zeile aus der Tabelle, und ermitteln Sie die Höhe Ihres notwendigen Vermögens für Ihre persönliche finanzielle Freiheit. Anthony Robbins, der mir die Anregung für die folgende Systematik gab, spricht in diesem Zusammenhang vom

»kritischen« Vermögen. In den Tabellen 2 gehe ich jedoch über den Ansatz von Robbins weit hinaus. Sie erfahren nämlich, was Sie ab heute tun und bis wann Sie realistisch damit rechnen können, Ihr Freiheitsvermögen© zu erreichen.

WICHTIG: Lassen Sie sich von den Tabellen der folgenden Seiten nicht erschrecken oder gar abschrecken. Sie müssen lediglich eine Zahl aus Tabelle 1 ermitteln und wählen danach eine der Tabellen 2 aus, also entweder 2A, 2B, 2C oder 2D. Als Ergebnis erhalten Sie dann zwei Zahlen, die Sie Ihrem persönlichen Reichtumsplan einen großen Schritt näher bringen. Diese Tabellen sind die denkbar einfachste Hilfe, um ganz individuell die Zahlen zu bestimmen, die Sie zu Ihrem Freiheitsvermögen© führen.

Schritt 1:
Bestimmen Sie Ihr persönliches
Freiheitsvermögen©

Tabelle 1

Freiheitsvermögen©	Notwendiges Jahreseinkommen* bei 8 Prozent Rendite	Notwendiges Monatseinkommen* bei 8 Prozent Rendite
375 000	30 000	2 500
500 000	40 000	3 333
625 000	50 000	4 167
750 000	60 000	5 000
875 000	70 000	5 833
1 000 000	80 000	6 667
1 125 000	90 000	7 500
1 250 000	100 000	8 333
1 562 500	125 000	10 417
1 875 000	150 000	12 500
2 187 500	175 000	14 583
2 500 000	**200 000**	**16 667**
2 812 500	225 000	18 750
3 125 000	250 000	20 833

Freiheitsvermögen©	Notwendiges Jahreseinkommen* bei 8 Prozent Rendite	Notwendiges Monatseinkommen* bei 8 Prozent Rendite
3 437 500	275 000	22 917
3 750 000	300 000	25 000
4 062 500	325 000	27 083
4 375 000	350 000	29 167
4 687 500	375 000	31 250
5 000 000	400 000	33 333
5 312 500	425 000	35 417
5 625 000	450 000	37 500
5 937 500	475 000	39 583
6 250 000	500 000	41 667
6 875 000	550 000	45 833
7 500 000	600 000	50 000
8 125 000	650 000	54 167
8 750 000	700 000	58 333
9 375 000	750 000	62 500
10 000 000	800 000	66 667
10 625 000	850 000	70 833
11 250 000	900 000	75 000
11 875 000	950 000	79 167
12 500 000	1 000 000	83 333
18 750 000	1 500 000	125 000
25 000 000	2 000 000	166 667
31 250 000	2 500 000	208 333
37 500 000	3 000 000	250 000

*Entscheiden Sie selbst, ob Sie Netto- oder Brutto-Werte ansetzen.

Nachdem Sie nun im ersten Schritt Ihr persönliches Freiheitsvermögen© ausgewählt haben, folgt nun

Schritt 2:
Wann Sie Ihr persönliches Vermögensziel, bei welcher Rendite, mit Investmentfonds erreichen

Tabelle 2 A

Sehr sicherheitsorientierte Anlage mit durchschnittlich sechs Prozent Rendite pro Jahr

Freiheits-vermögen©	Anzahl der Jahre, nach denen Sie Ihr persönliches Freiheitsvermögen© erreicht haben wollen (Angabe der notwendigen Sparrate/Monat)					
	10	15	20	25	30	40
375 000	2 306	1 306	826	555	384	196
500 000	3 075	1 741	1 101	740	512	261
625 000	3 843	2 177	1 377	925	640	327
750 000	4 612	2 612	1 652	1 110	768	392
875 000	5 381	3 047	1 927	1 295	896	457
1 000 000	6 149	3 483	2 203	1 480	1 024	523
1 125 000	6 918	3 918	2 478	1 665	1 152	588
1 250 000	7 687	4 353	2 753	1 850	1 280	653
1 562 500	9 608	5 442	3 442	2 313	1 600	817
1 875 000	11 530	6 530	4 130	2 775	1 920	980
2 187 500	13 452	7 618	4 818	3 238	2 240	1 143
2 500 000	*15 373*	*8 707*	*5 507*	*3 700*	*2 560*	*1 307*
2 812 500	17 295	9 795	6 195	4 163	2 880	1 470
3 125 000	19 217	10 883	6 883	4 625	3 200	1 633
3 437 500	21 138	11 972	7 572	5 088	3 520	1 797
3 750 000	23 060	13 060	8 260	5 550	3 840	1 960
4 062 500	24 982	14 148	8 948	6 013	4 160	2 123
4 375 000	26 903	15 237	9 637	6 475	4 480	2 287
4 687 500	28 825	16 325	10 325	6 938	4 800	2 450
5 000 000	30 747	17 413	11 013	7 400	5 120	2 613
5 312 500	32 668	18 502	11 702	7 863	5 440	2 777
5 625 000	34 590	19 590	12 390	8 325	5 760	2 940
5 937 500	36 512	20 678	13 078	8 788	6 080	3 103
6 250 000	38 433	21 767	13 767	9 250	6 400	3 267

Freiheits-vermögen©	Anzahl der Jahre, nach denen Sie Ihr persönliches Freiheitsvermögen© erreicht haben wollen (Angabe der notwendigen Sparrate/Monat)					
	10	15	20	25	30	40
6 875 000	42 277	23 943	15 143	10 175	7 040	3 593
7 500 000	46 120	26 120	16 520	11 100	7 680	3 920
8 125 000	49 963	28 297	17 897	12 025	8 320	4 247
8 750 000	53 807	30 473	19 273	12 950	8 960	4 573
9 375 000	57 650	32 650	20 650	13 875	9 600	4 900
10 000 000	61 493	34 827	22 027	14 800	10 240	5 227
10 625 000	65 337	37 003	23 403	15 725	10 880	5 553
11 250 000	69 180	39 180	24 780	16 650	11 520	5 880
11 875 000	73 023	41 357	26 157	17 575	12 160	6 207
12 500 000	76 867	43 533	27 533	18 500	12 800	6 533
18 750 000	115 300	65 300	41 300	27 750	19 200	9 800
25 000 000	153 733	87 067	55 067	37 000	25 600	13 067
31 250 000	192 167	108 833	68 833	46 250	32 000	16 333
37 500 000	230 600	130 600	82 600	55 500	38 400	19 600

© Bernd W. Klöckner, Lahnstein 2000

Tabelle 2 B

Sicherheitsorientierte Anlage mit durchschnittlich acht Prozent Rendite pro Jahr

Freiheits-vermögen©	Anzahl der Jahre, nach denen Sie Ihr persönliches Freiheitsvermögen© erreicht haben wollen (Angabe der notwendigen Sparrate/Monat)					
	10	15	20	25	30	40
375 000	2 082	1 111	659	413	266	116
500 000	2 776	1 481	879	551	355	155
625 000	3 470	1 852	1 098	688	443	193
750 000	4 164	2 222	1 318	826	532	232
875 000	4 858	2 592	1 538	964	621	271
1 000 000	5 552	2 963	1 757	1 101	709	309

Freiheits-vermögen©	Anzahl der Jahre, nach denen Sie Ihr persönliches Freiheitsvermögen© erreicht haben wollen (Angabe der notwendigen Sparrate/Monat)					
	10	15	20	25	30	40
1 125 000	6 246	3 333	1 977	1 239	798	348
1 250 000	6 940	3 703	2 197	1 377	887	387
1 562 500	8 675	4 629	2 726	1 721	1 108	483
1 875 000	10 410	5 555	3 295	2 065	1 330	580
2 187 500	12 145	6 481	3 844	2 409	1 552	677
2 500 000	**13 880**	**7 407**	**4 393**	**2 753**	**1 773**	**773**
2 812 500	15 615	8 333	4 943	3 098	1 995	870
3 125 000	17 350	9 258	5 492	3 442	2 217	967
3 437 500	19 085	10 184	6 041	3 786	2 438	1 063
3 750 000	20 820	11 110	6 590	4 130	2 660	1 160
4 062 500	22 555	12 036	7 139	4 474	2 882	1 257
4 375 000	24 290	12 962	7 688	4 818	3 103	1 353
4 687 500	26 025	13 888	8 238	5 163	3 325	1 450
5 000 000	27 760	14 813	8 787	5 507	3 547	1 547
5 312 500	29 495	15 739	9 336	5 851	3 768	1 643
5 625 000	31 230	16 665	9 885	6 195	3 990	1 740
5 937 500	32 965	17 591	10 434	6 539	4 212	1 837
6 250 000	34 700	18 517	10 983	6 883	4 433	1 933
6 875 000	38 170	20 368	12 082	7 572	4 877	2 127
7 500 000	41 640	22 220	13 180	8 260	5 320	2 320
8 125 000	45 110	24 072	14 278	8 948	5 763	2 513
8 750 000	48 580	25 923	15 377	9 637	6 207	2 707
9 375 000	52 050	27 775	16 475	10 325	6 650	2 900
10 000 000	55 520	29 627	17 573	11 013	7 093	3 093
10 625 000	58 990	31 478	18 672	11 702	7 537	3 287
11 250 000	62 460	33 330	19 770	12 390	7 980	3 480
11 875 000	65 930	35 182	20 868	13 078	8 423	3 673
12 500 000	69 400	37 033	21 967	13 767	8 867	3 867
18 750 000	104 100	55 550	32 950	20 650	13 300	5 800
25 000 000	138 800	74 067	43 933	27 533	17 733	7 733
31 250 000	173 500	92 583	54 917	34 417	22 167	9 667
37 500 000	208 200	111 100	65 900	41 300	26 600	11 600

© Bernd W. Klöckner, Lahnstein 2000

Tabelle 2 C

Risikoorientierte Anlage mit durchschnittlich zehn Prozent Rendite pro Jahr

Freiheits- vermögen©	Anzahl der Jahre, nach denen Sie Ihr persönliches Freiheitsvermögen© erreicht haben wollen (Angabe der notwendigen Sparrate/Monat)					
	10	15	20	25	30	40
375 000	1 867	941	522	304	182	68
500 000	2 501	1 255	696	405	243	91
625 000	3 127	1 568	870	507	303	113
750 000	3 752	1 882	1 044	608	364	136
875 000	4 377	2 196	1 218	709	425	159
1 000 000	5 003	2 509	1 392	811	485	181
1 125 000	5 628	2 823	1 566	912	546	204
1 250 000	6 253	3 137	1 740	1 013	607	227
1 562 500	7 817	3 921	2 175	1 267	758	283
1 875 000	9 380	4 705	2 610	1 520	910	340
2 187 500	10 943	5 489	3 045	1 773	1 062	397
2 500 000	*12 507*	*6 273*	*3 480*	*2 027*	*1 213*	*453*
2 812 500	14 070	7 058	3 915	2 280	1 365	510
3 125 000	15 633	7 842	4 350	2 533	1 517	567
3 437 500	17 197	8 626	4 785	2 787	1 668	623
3 750 000	18 760	9 410	5 220	3 040	1 820	680
4 062 500	20 323	10 194	5 655	3 293	1 972	737
4 375 000	21 887	10 978	6 090	3 547	2 123	793
4 687 500	23 450	11 763	6 525	3 800	2 275	850
5 000 000	25 013	12 547	6 960	4 053	2 427	907
5 312 500	26 577	13 331	7 395	4 307	2 578	963
5 625 000	28 140	14 115	7 830	4 560	2 730	1 020
5 937 500	29 703	14 899	8 265	4 813	2 882	1 077
6 250 000	31 267	15 683	8 700	5 067	3 033	1 133
6 875 000	34 393	17 252	9 570	5 573	3 337	1 247
7 500 000	37 520	18 820	10 440	6 080	3 640	1 360
8 125 000	40 647	20 388	11 310	6 587	3 943	1 473
8 750 000	43 773	21 957	12 180	7 093	4 247	1 587

Freiheits-vermögen©	Anzahl der Jahre, nach denen Sie Ihr persönliches Freiheitsvermögen© erreicht haben wollen (Angabe der notwendigen Sparrate/Monat)					
	10	15	20	25	30	40
9 375 000	46 900	23 525	13 050	7 600	4 550	1 700
10 000 000	50 027	25 093	13 920	8 107	4 853	1 813
10 625 000	53 153	26 662	14 790	8 613	5 157	1 927
11 250 000	56 280	28 230	15 660	9 120	5 460	2 040
11 875 000	59 407	29 798	16 530	9 627	5 763	2 153
12 500 000	62 533	31 367	17 400	10 133	6 067	2 267
18 750 000	93 800	47 050	26 100	15 200	9 100	3 400
25 000 000	125 067	62 733	34 800	20 267	12 133	4 533
31 250 000	156 333	78 417	43 500	25 333	15 167	5 667
37 500 000	187 600	94 100	52 200	30 400	18 200	6 800
© Bernd W. Klöckner, Lahnstein 2000						

Tabelle 2 D

Risikofreudige Anlage mit durchschnittlich zwölf Prozent Rendite pro Jahr

Freiheits-vermögen©	Anzahl der Jahre, nach denen Sie Ihr persönliches Freiheitsvermögen© erreicht haben wollen (Angabe der notwendigen Sparrate/Monat)					
	10	15	20	25	30	40
375 000	1 689	795	411	222	123	39
500 000	2 252	1 060	548	296	164	52
625 000	2 815	1 325	685	370	205	65
750 000	3 378	1 590	822	444	246	78
875 000	3 941	1 855	959	518	287	91
1 000 000	4 504	2 120	1 096	592	328	104
1 125 000	5 067	2 385	1 233	666	369	117
1 250 000	5 630	2 650	1 370	740	410	130
1 562 500	7 038	3 313	1 713	925	513	163
1 875 000	8 445	3 975	2 055	1 110	615	195

Freiheits- vermögen©	Anzahl der Jahre, nach denen Sie Ihr persönliches Freiheitsvermögen© erreicht haben wollen (Angabe der notwendigen Sparrate/Monat)					
	10	15	20	25	30	40
2 187 500	9 853	4 638	2 398	1 295	718	228
2 500 000	*11 260*	*5 300*	*2 740*	*1 480*	*820*	*260*
2 812 500	12 668	5 963	3 083	1 665	923	293
3 125 000	14 075	6 625	3 425	1 850	1 025	325
3 437 500	15 483	7 288	3 768	2 035	1 128	358
3 750 000	16 890	7 950	4 110	2 220	1 230	390
4 062 500	18 298	8 613	4 453	2 405	1 333	423
4 375 000	19 705	9 275	4 795	2 590	1 435	455
4 687 500	21 113	9 938	5 138	2 775	1 538	488
5 000 000	22 520	10 600	5 480	2 960	1 640	520
5 312 500	23 928	11 263	5 823	3 145	1 743	553
5 62.000	25 335	11 925	6 165	3 330	1 845	585
5 937 500	26 743	12 588	6 508	3 515	1 948	618
6 250 000	28 150	13 250	6 850	3 700	2 050	650
6 875 000	30 965	14 575	7 535	4 070	2 255	715
7 500 000	33 780	15 900	8 220	4 440	2 460	780
8 125 000	36 595	17 225	8 905	4 810	2 665	845
8 750 000	39 410	18 550	9 590	5 180	2 870	910
9 375 000	42 225	19 875	10 275	5 550	3 075	975
10 000 000	45 040	21 200	10 960	5 920	3 280	1 040
10 625 000	47 855	22 525	11 645	6 290	3 485	1 105
11 250 000	50 670	23 850	12 330	6 660	3 690	1 170
11 875 000	53 485	25 175	13 015	7 030	3 895	1 235
12 500 000	56 300	26 500	13 700	7 400	4 100	1 300
18 750 000	84 450	39 750	20 550	11 100	6 150	1 950
25 000 000	112 600	53 000	27 400	14 800	8 200	2 600
31 250 000	140 750	66 250	34 250	18 500	10 250	3 250
37 500 000	168 900	79 500	41 100	22 200	12 300	3 900
© Bernd W. Klöckner, Lahnstein 2000						

Tabelle 2 E

Spekulative Anlage mit durchschnittlich vierzehn Prozent Rendite pro Jahr

Freiheits-vermögen©	Anzahl der Jahre, nach denen Sie Ihr persönliches Freiheitsvermögen© erreicht haben wollen (Angabe der notwendigen Sparrate/Monat)					
	10	15	20	25	30	40
375 000	1 519	670	322	161	82	22
500 000	2 025	893	429	215	109	29
625 000	2 532	1 117	537	268	137	37
750 000	3 038	1 340	644	322	164	44
875 000	3 544	1 563	751	376	191	51
1 000 000	4 051	1 787	859	429	219	59
1 125 000	4 557	2 010	966	483	246	66
1 250 000	5 063	2 233	1 073	537	273	73
1 562 500	6 329	2 792	1 342	671	342	92
1 875 000	7 595	3 350	1 610	805	410	110
2 187 500	8 861	3 908	1 878	939	478	128
2 500 000	*10 127*	*4 467*	*2 147*	*1 073*	*547*	*147*
2 812 500	11 393	5 025	2 415	1 208	615	165
3 125 000	12 658	5 583	2 683	1 342	683	183
3 437 500	13 924	6 142	2 952	1 476	752	202
3 750 000	15 190	6 700	3 220	1 610	820	220
4 062 500	16 456	7 258	3 488	1 744	888	238
4 375 000	17 722	7 817	3 757	1 878	957	257
4 687 500	18 988	8 375	4 025	2 013	1 025	275
5 000 000	20 253	8 933	4 293	2 147	1 093	293
5 312 500	21 519	9 492	4 562	2 281	1 162	312
5 625 000	22 785	10 050	4 830	2 415	1 230	330
5 937 500	24 051	10 608	5 098	2 549	1 298	348
6 250 000	25 317	11 167	5 367	2 683	1 367	367
6 875 000	27 848	12 283	5 903	2 952	1 503	403
7 500 000	30 380	13 400	6 440	3 220	1 640	440
8 125 000	32 912	14 517	6 977	3 488	1 777	477
8 750 000	35 443	15 633	7 513	3 757	1 913	513

Freiheits-vermögen©	Anzahl der Jahre, nach denen Sie Ihr persönliches Freiheitsvermögen© erreicht haben wollen (Angabe der notwendigen Sparrate/Monat)					
	10	15	20	25	30	40
9 375 000	37 975	16 750	8 050	4 025	2 050	550
10 000 000	40 507	17 867	8 587	4 293	2 187	587
10 625 000	43 038	18 983	9 123	4 562	2 323	623
11 250 000	45 570	20 100	9 660	4 830	2 460	660
11 875 000	48 102	21 217	10 197	5 098	2 597	697
12 500 000	50 633	22 333	10 733	5 367	2 733	733
18 750 000	75 950	33 500	16 100	8 050	4 100	1 100
25 000 000	101 267	44 667	21 467	10 733	5 467	1 467
31 250 000	126 583	55 833	26 833	13 417	6 833	1 833
37 500 000	151 900	67 000	32 200	16 100	8 200	2 200

© Bernd W. Klöckner, 2000, Lahnstein Vervielfältigung der einzelnen Tabellen nur mit schriftlicher Genehmigung des Autors

WICHTIG: Sie können mithilfe dieser von mir entwickelten Tabellen auch Ihre Sparrate ermitteln, wenn Sie eine Hälfte Ihres Freiheitsvermögens© spekulativ erreichen wollen, sagen wir mit 14 Prozent erwarteter Rendite pro Jahr, und bei der anderen Hälfte auf Nummer sicher gehen möchten. In diesem Fall nehmen Sie das ermittelte Freiheitsvermögen aus Tabelle 1, sagen wir 5 000 000 Mark, und suchen für jeweils 2 500 000 Mark aus den für Sie passenden Tabellen 2 die notwendigen Sparraten heraus.

Beispiel 1:

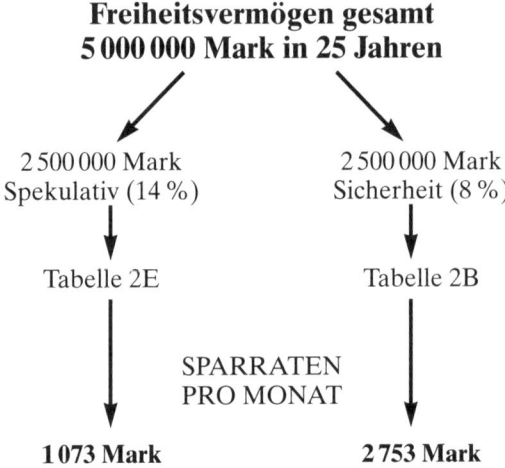

**Freiheitsvermögen gesamt
5 000 000 Mark in 25 Jahren**

2 500 000 Mark
Spekulativ (14 %)

2 500 000 Mark
Sicherheit (8 %)

Tabelle 2E

Tabelle 2B

SPARRATEN
PRO MONAT

1 073 Mark

2 753 Mark

Ergebnis: Ihr Freiheitsvermögen sichert Ihnen bei einer angenommenen Rendite von acht Prozent ein Jahreseinkommen von
400 000 Mark.

Wenn Sie nun zu den Lesern gehören, die völlig entsetzt denken:
»So viel muss es ja auch nicht sein...«, folgt ein weiteres Beispiel
für ein Freiheitsvermögen von 1,25 Millionen oder bei acht Prozent Rendite einem Zusatzeinkommen von 100 000 pro Jahr:

Beispiel 2:

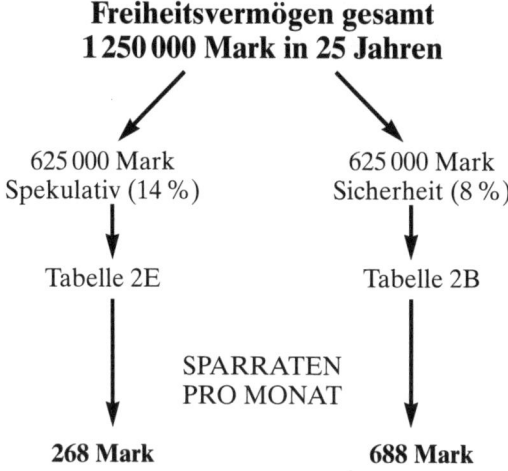

Freiheitsvermögen gesamt
1 250 000 Mark in 25 Jahren

625 000 Mark
Spekulativ (14 %)

625 000 Mark
Sicherheit (8 %)

Tabelle 2E

Tabelle 2B

SPARRATEN
PRO MONAT

268 Mark

688 Mark

Ergebnis: Ihr Freiheitsvermögen sichert Ihnen bei einer angenommenen Rendite von acht Prozent ein Jahreseinkommen von
100 000 Mark.

2.

Ihr persönlicher Finanzplan:
Der Weg zum Traumkapital

Die Tabellen zum Freiheitsvermögen sind eine ganz wichtige
Hilfe für die Erstellung Ihres persönlichen Finanzplans. Denn:
Neben Ihren klar definierten Geldzielen brauchen Sie unbedingt
einen spezifischen, individuell für Sie passenden Finanzplan. Dabei ist besonders wichtig, dass Ihr Finanzplan realistisch umzusetzen ist. Leser meines Buches »Systematisch reich!« wissen um das

Geheimnis der Zielfinsternis©. Zielfinsternis tritt bei Geldzielen dann auf, wenn die geplanten Geldziele zu groß sind und bereits kleine Geldprobleme die (zu) großen Geldziele verdecken. Das führt zu Sparfrust statt Sparlust. Die Erfolgsregel für Ihr persönliches Finanzerfolgsprogramm lautet also:

> **Je realistischer Ihr persönlicher Finanzplan, desto unwiderstehlicher kommt Reichtum in Zukunft auf Sie zu.**

Tipp: Am besten entwickeln Sie mit Hilfe der Tabellen zum Freiheitsvermögen© drei verschiedene Zukunftspläne. Diese Zukunftspläne können Sie meines Erachtens zum großen Teil mit keinem Geldanlageprodukt besser umsetzen als mit Aktienfonds. Die drei Pläne haben zudem den Vorteil, wie Sie gleich sehen werden, dass Sie dabei realistisch kalkulieren und Ihr künftiger Reichtum ebenso realistisch sein wird.

Zukunftsplan A
Entwerfen Sie einen sehr zurückhaltenden Finanzplan. Einen Finanzplan, den Sie selbst dann einhalten könnten, wenn es einmal richtig schlechte Zeiten geben sollte.

Ein Beispiel: Sie listen alle Ihre Ausgaben pro Monat auf und streichen sämtliche Positionen, die nicht zwangsläufig nötig sind. Nachdem Sie alles gestrichen haben, was überflüssig ist, kommen Sie auf einen Betrag von 30 000 Mark pro Jahr. In der Tabelle 1 zu Freiheitsvermögen wählen Sie das entsprechende Freiheitsvermögen aus, um diesen extrem konservativen, auf Sicherheit bauenden Zukunftsplan leben zu können. Dies wären

375 000 Mark.

Da Sie dieses Zukunftsziel auf jeden Fall sicher erreichen wollen, haben Sie die Wahl zwischen Tabelle 2A (sechs Prozent, sehr konservativ) und Tabelle 2B (acht Prozent, konservativ). Angenommen, Sie haben für das Erreichen Ihres Zukunftsplans noch 30 Jahre Zeit, bedeutet das, Sie müssen für diesen Zukunftsplan A, für diesen sehr sicheren Finanzplan, einen Betrag zwischen

266 und 384 Mark

monatlich sparen. Wenn Sie diesen Betrag in entsprechende Investmentfonds anlegen, wird sich Ihr Zukunftsplan A unwiderstehlich erfüllen. Sie können sicher sein: Ihr extrem konservativer Zukunftsplan A wird in die Realität umgesetzt werden. Nun zur zweiten Stufe.

Zukunftsplan B
In dieser Stufe geht es darum, dass Sie Ihre Ausgaben und Ihr finanzielles Budget so planen, als wollten Sie gut leben, aber eben nicht in Saus und Braus. Entwerfen Sie einen Plan, der Ihnen verlockend und realistisch erscheint. Einen Zukunftsplan, bei dem Sie finanziell auf der sicheren Seite sind und sich das eine oder andere beruhigt leisten können. Angenommen, Sie kommen auf einen Betrag von 80 000 Mark pro Jahr. Dann sieht Ihre Rechnung wie folgt aus:

Ziel Zukunftsplan B
minus Ziel Zukunftsplan A

= Finanzlücke

In unserem Beispiel lautet die Rechnung also:

80 000 Mark
minus 30 000 Mark

= 50 000 Mark

Für diese Finanzlücke von 50 000 Mark pro Jahr müssen Sie nun wieder Ihr persönliches Freiheitsvermögen bestimmen. Das Ergebnis: 625 000 Mark. Da Sie dieses Geldziel mit realistischen, nicht übertriebenen Erwartungen erreichen wollen, wählen Sie Tabelle 2C und bestimmen Ihre notwendige Monatssparrate. Das Ergebnis:

303 Mark.

Wer hier schon ein wenig risikofreudiger ist, kann die Sparrate aus Tabelle 2D wählen, also 205 Mark. Unser Zwischenstand lautet nunmehr wie folgt:

1. 266 bis 384 Mark monatliche Sparrate zum sicheren Erreichen des konservativen Zukunftsplans A.
2. 303 Mark monatlich zum sicheren Erreichen des Zukunftsplans B.

Kommen wir nun zum letzten Schritt der Planung Ihrer persönlichen und realistischen Finanzzukunft.

Zukunftsplan C

Jetzt kommt der optimistische Plan. Es geht darum, dass Sie eine sichere Zukunft planen, in der es Ihnen finanziell so richtig gut geht, eine Zukunft mit finanzieller Unabhängigkeit: Ihr TRAUMKAPITAL der besonderen Art. Dieses Zukunftsziel müssen Sie nicht erreichen. Daher können Sie auch ein höheres Risiko bei der jeweiligen Geldanlage eingehen. Angenommen, Sie setzen Ihr persönliches Jahreseinkommen im Falle dieses optimistischen Zukunftsplans C mit 150 000 Mark an. Dann sieht Ihre Rechnung wie folgt aus:

Ziel Zukunftsplan C
minus Ziel Zukunftsplan B

= Finanzlücke

In unserem Beispiel lautet die Rechnung also:

150 000 Mark
minus 80 000 Mark

= 70 000 Mark

Für diese Finanzlücke von 70 000 Mark pro Jahr müssen Sie nun wieder Ihr persönliches Freiheitsvermögen wie in Schritt 1 genannt bestimmen. Das Ergebnis für ein Freiheitsvermögen von 70 000 Mark/Jahr: 875 000 Mark. Da Sie dieses Geldziel unter optimistischen Voraussetzungen erreichen wollen und hierfür bei Ihrer Geldanlage auch ein höheres Risiko in Kauf nehmen (da Sie im Zweifelsfall nicht darauf angewiesen sind, dass sich Zukunftsplan C zu einem genau festgelegten Zeitpunkt erfüllt), wählen Sie hier aus Tabelle 2E die entsprechende Sparrate. Wer für Zukunftsplan C ein wenig vorsichtiger kalkuliert, wählt die Sparrate aus Tabelle 2D. Das Ergebnis aus Tabelle 2E:

191 Mark.

Das bedeutet:
Ihr Ziel ist es, in den nächsten 30 Jahren Ihre finanzielle Freiheit zu erreichen. Nachdem Sie mit den drei Stufen Ihren gesamten Finanzplan erstellt haben, wissen Sie, dass Sie Ihr Ziel erreichen können. Ihre monatlichen Sparraten teilen sich wie folgt auf:

Zukunftsplan A	266 bis 384 Mark
Zukunftsplan B	303 Mark
Zukunftsplan C	191 Mark

Wenn Sie dies auf die Geldanlage mit Aktienfonds umsetzen, handeln Sie wie folgt:

Zukunftsplan A	ca. 300 bis 400 Mark/Monat Geldanlage in international in Standardwerte anlegende Aktienfonds
Zukunftsplan B	ca. 300 Mark/Monat in international in Wachstumswerte/Wachstumsmärkte anlegende Aktienfonds
Zukunftsplan C	ca. 200 Mark/Monat in risikoreiche Spezialfonds

Wenn Sie nach den Schritten dieses Erfolgsprogramms vorgehen, bedeutet dies, dass Sie Ihre finanzielle Freiheit in Zukunft zu dem von Ihnen festgelegten Zeitpunkt unwiderstehlich erreichen werden. Wenn Sie so verfahren, können Sie nicht anders, als finanziell frei zu werden. Bitte hüten Sie sich jedoch davor, Ihr gesamtes Sparpotenzial sofort in risikoreichere Spezialfonds zu investieren. Auf den ersten Blick mag es verlockend erscheinen. Schließlich kommt finanzielle Freiheit umso schneller näher, je höhere Gewinne Ihr Geld bringt. Doch es kann auch schief gehen, und Ihre risikoreiche Geldanlage erweist sich als Flop. Eine Garantie auf Wachstum und Gewinne gibt es nämlich nicht, und der Grundsatz, dass bei steigender Rendite auch das Risiko steigt, gilt unverändert. Nach dem oben beschriebenen Erfolgsprogramm sind Sie jedoch auf der sicheren Seite. Für Ihren Zukunftsplan A haben Sie durch die vorsichtige Kalkulation mit sechs bzw. acht Prozent einen ausreichenden Risikopuffer, wenn es an der Börse einmal nicht so erfolgreich läuft und auch Aktienfonds statt zehn, zwölf oder 14 Prozent und mehr lediglich sechs bis acht Prozent auf längere Sicht bringen. Der Vorteil: Läuft es an der Börse gut, wird sich Ihr vorsichtiger Zukunftsplan A besser entwickeln als erwartet. Sie werden also über zusätzliches, im Rahmen Ihres persönlichen Finanzplans nicht kalkuliertes Vermögen verfügen. Beginnen Sie also wie beschrieben, Ihre für Zukunftsplan A entwickelte Sparrate in die beschriebenen Aktienfonds zu investieren. Erst wenn Sie über mehr Spargeld im Monat verfügen als über die notwendige Sparrate aus Zukunftsplan A, investieren Sie die nächsten Beträge bis zu der von Ihnen bestimmten Höhe in Betreff Zukunftsplan B genannte Fonds. Erst dann, wenn Sie über mehr Spargeld verfügen, als Sie für Zukunftsplan A + B benötigen, beginnen Sie, in Spezialfonds zu investieren.

An dieser Stelle nochmals der bereits unter »Fondstypen« genannte Tipp: Als Anleger sind Sie bei Zukunftsplan A mit international in Standardwerte investierenden Aktienfonds, deren Manager keinen Beschränkungen unterliegen, auf der sicheren Seite. Denn die Manager dieser Fonds können bei Börsencrashs sehr schnell reagieren, können besonders gute oder schlechte Entwicklungen einzelner Regionen und/oder Branchen berücksichtigen. Dadurch kommen solche auf internationale Standardwerte ausgerichtete Aktienfonds ohne Anlagebeschränkungen dem Sicherheitsinteresse des Zukunftsplans A am nächsten.

Merke: Persönlichen Reichtum und finanzielle Freiheit erreichen Sie nicht, ohne dass Sie sich mit Disziplin engagieren. Um Ihre finanziellen Ziele und Ihren Plan zur finanziellen Freiheit umzusetzen, müssen Sie mehr tun, als sich nur für Finanzen zu interessieren. Daher legen Sie das Ziel Ihres ganz persönlichen Freiheitsvermögens noch heute fest, und bestimmen Sie die notwendige Sparrate, die Sie ab heute monatlich zur Seite legen und in Investmentfonds investieren müssen. Seien Sie sich bewusst, dass Sie alle Ihre finanziellen Ziele erreichen, wenn Sie eine innere Verpflichtung eingehen.

Notizen, Anmerkungen für meine persönliche Finanzplanung

KAUF UND VERKAUF VON INVESTMENTFONDS

1.

Kauf

Sie haben verschiedene Möglichkeiten, Fondsanteile zu erwerben. Im Wesentlichen über die folgenden Stellen:

1. Banken
2. Versicherungen
3. Direktbanken/Discountbroker
4. Investmentgesellschaften
5. Fondsshops/Finanz-/Anlage-/Vermögensberater

Kauf über Banken

Dies ist der am häufigsten gewählte Weg. Experten nennen hier eine Zahl von über 70 Prozent aller Fondskäufe. Für den Einsteiger, der bislang Scheu vor Bankgeschäften hatte, auch keine Direktbank wählen möchte und möglichst unkompliziert vorgehen will, bietet sich dieser Weg über die Bank (in der Regel die eigene Hausbank) an. Sie müssen nichts weiter tun, als ein Gespräch mit dem Wertpapierberater Ihrer Bank zu vereinbaren und sich beraten zu lassen. Am Ende dieses Beratungsgespräches wird der Wertpapierberater alle Formalitäten für Sie erledigen, und Sie sind stolzer Besitzer Ihres ersten Investmentfondssparplans. Ab dem Zeitpunkt, den Sie Ihrem Wertpapierberater genannt haben, wird nun der vereinbarte Geldbetrag von Ihrem Konto abgebucht und in den jeweils vereinbarten Fonds gespart. Der große Nachteil: Ebenso wenig wie ein VW-Händler einen DaimlerChrysler anbieten wird (selbst dann, wenn alle DaimlerChrysler besser

wären als alle VW), wird in der Regel der Berater Ihrer Bank frei-
willig Fonds einer Investmentgesellschaft empfehlen, die zu einer
anderen Bank gehört. Gerade wenn Sie als Einsteiger diesen einfachen Kauf über Ihre Hausbank wählen, kann es passieren, dass
Sie einen im Vergleich zu Wettbewerbern denkbar schlechten
Fonds verkauft bekommen, es jedoch gar nicht bemerken.

Tipp: Einsteiger tun sich erfahrungsgemäß am leichtesten,
Fondsanteile zunächst über diesen klassischen Bankweg zu kaufen. Wenn auch Sie diesen Weg wählen, beachten Sie zumindest
das Kapitel »Fondsauswahl« in diesem Buch, und lassen Sie sich
von Ihrem Berater im Vorfeld die entsprechenden Ergebnisse
zeigen.

Im Folgenden finden Sie die Namen einzelner Fondsgesellschaften und deren Zugehörigkeit zu einzelnen Banken:

Welche Fondsgesellschaft gehört zu welcher Bank (keine vollständige Auflistung!)		
Name der Investment-gesellschaft in Deutschland	Name der Gesellschaft in Luxemburg (international)	Name der hinter der Gesellschaft stehenden Bank
ADIG	A.L.S.A.	Commerzbank Hypovereinsbank
DEKA	Deka International S.A.	Sparkassen
DIT	Dam	Dresdner Bank
DWS	DBIM	Deutsche Bank
UNION	Union-Investment Luxemburg S.A.	Volksbanken/ Raiffeisenbanken
Auszug, Stand 99/00		

Tipp: Wenn Sie von Ihrem Berater die Vorlage der entsprechenden Fondsergebnisse verlangt haben (vgl. »Fondsauswahl«) und
feststellen, dass Sie eher einen Fonds einer zu einer anderen
Bank gehörenden Fondsgesellschaft kaufen möchten, kann es Ihnen passieren, dass einzelne Banken eine Zusatzgebühr für den
Kauf dieser »fremden« Fonds verlangen. Ein solches Vorgehen
sollten Sie nicht akzeptieren. Für die Vermittlung eines Invest-

mentfondsanteils gibt es für den Vermittler einen kleineren oder größeren Teil des Ausgabeaufschlags. Eine Zusatzgebühr ist unsinnig.

Kauf über Versicherungen

Auch hier gilt: Über Ihren Versicherungsberater Investmentfondsanteile zu kaufen ist ebenso leicht wie über Ihre Hausbank. Die meisten Versicherer arbeiten heute strategisch mit einer oder mehreren Investmentfondsgesellschaften zusammen. Die Versicherungsberater können Ihnen also mit allen notwendigen Formalitäten ebenso weiterhelfen wie Ihr Bankberater. Dafür gilt jedoch der gleiche Nachteil: Sie dürfen nicht erwarten, dass Sie unabhängig beraten werden. Um auszuschließen, dass Ihnen ein Versicherungsberater einen völligen Flop-Fonds verkauft, beachten Sie ganz besonders auch hier die Kriterien der richtigen Fondsauswahl.

Tipp: Von Vorteil ist es, wenn Ihr Versicherungsberater ein Versicherungsmakler ist. Versicherungsmakler arbeiten mit vielen verschiedenen Versicherungsgesellschaften zusammen und vertreiben in der Regel auch deren Investmentfondssparpläne. Bei einem qualifizierten Versicherungsmakler können Sie weitestgehend sicher sein, dass er Sie auch in Bezug auf den Kauf von Investmentfonds seriös und qualifiziert berät. Jedoch ist auch hier Vorsicht geboten: »Versicherungsmakler« darf sich heute fast jeder nennen. Qualifizierte Versicherungsmakler erkennen Sie jedoch in der Regel daran, dass diese Ihnen eine Vermögensschaden-Haftpflichtversicherung mit Deckungssummen ab einer Million Euro aufwärts vorlegen können. Hier gilt: Versicherungsmakler, die sich ohne ausreichende Fachkenntnisse so nennen, um Eindruck zu schinden, verfügen in der Regel nur selten über diese Versicherung. Lassen Sie sich also in jedem Fall die Police dieser Haftpflichtversicherung zeigen. Noch besser: Lassen Sie sich eine Kopie davon geben.

Kauf über Direktbanken/Discountbroker

Der Kauf über diese Anbieter von Investmentfonds hat zwei wesentliche Vorteile: Erstens können Sie über Direktbanken/Discountbroker in der Regel anbieterunabhängig alle gängigen Investmentfonds erwerben. Direktbanken/Discountbroker legen ihren Schwerpunkt nicht auf die Beratung, sondern auf den Verkauf. Sie müssen wissen, was Sie wollen. Beratung erhalten Sie nur in engen Grenzen. Daher ist dieser Weg für Einsteiger in der Regel kaum geeignet. Ein zweiter Vorteil liegt darin, dass Direktbanken/Discountbroker Investmentfondsanteile meist zu günstigeren Konditionen anbieten. Rabatte von bis zu/um die 50 Prozent sind keine Seltenheit.

Im Einkauf liegt der Gewinn (Gebühren)

Die einfachste »Pi-mal-Daumen-Formel« lautet, dass jeder Prozentpunkt Unterschied im Ausgabeaufschlag sich entsprechend auf das Endergebnis auswirkt. So sorgt ein Rabatt beim Ausgabeaufschlag von drei Prozent für ein um rund drei Prozent höheres Endergebnis bei ansonsten gleichen Voraussetzungen.

Ein Beispiel: Jemand möchte 200 Mark monatlich über 20 Jahre sparen. Im ersten Fall zahlt er über seine Bank den üblichen Ausgabeaufschlag in Höhe von fünf Prozent, im zweiten Fall beim Kauf über eine Direktbank angenommen lediglich zwei Prozent. Im ersten Fall kommen also von jeden 200 Mark Sparrate 190,48 Mark zur Anlage.

Berechnung: 200 dividiert durch 1,05 = 190,48
Im zweiten Fall 196,08 Mark.
Berechnung: 200 dividiert durch 1,02 = 196,08
Bei einer angenommenen durchschnittlichen Rendite pro Jahr von zehn Prozent ergibt sich folgendes Endergebnis:
1. Fall (mit fünf Prozent Ausgabeaufschlag)   136 800 Mark
2. Fall (mit zwei Prozent Ausgabeaufschlag)   140 800 Mark

Differenz: rund drei Prozent

Discountbroker (Beispiel)	Telefon	Internetadresse
Advance-Bank	089/62729-0	www.advance-bank.de
Allgemeine Deutsche Direktbank	069/27222-0	www.direktbank.de
Bank 24	0228/6832-0	www.bank24.de
Bank GiroTel	0511/6465-0	www.bank-girotel.de
Comdirect bank	04106/704-0	www.comdirect.de
Consors	0911/2470-0	www.consors.de
Direkt Anlage Bank	089/50068-0	www.diraba.de
Stand 99/00, auszugsweise, Rangfolge ohne Wertung		

Kauf über Investmentgesellschaften

Statt über Ihre Bank Anteile eines bestimmten Investmentfonds zu kaufen, können Sie diese auch direkt bei der jeweiligen Fondsgesellschaft erwerben. Dabei liegt auf der Hand, dass Sie bei einer Fondsgesellschaft direkt nur solche Fonds kaufen können, die zu den hauseigenen Fonds gehören. Wenn Sie also den Weg »Kauf über Fondsgesellschaft« wählen und Ihr Vermögen oder Ihre Sparraten auf mehrere Fonds unterschiedlicher Fondsgesellschaften verteilen wollen, müssen Sie dementsprechend pro Fondsgesellschaft ein Investmentkonto einrichten. Da mit der Führung des Investmentkontos direkt bei der Fondsgesellschaft in der Regel keine Gebühren verbunden sind, geht es also nur darum, ob Sie den mit mehreren Investmentkonten verbundenen Schriftverkehr wünschen oder nicht.

Kauf über Fondsshops/Finanz-/Anlage-/ Vermögensberater

Fondsshops gibt es zwischenzeitlich sehr viele. In der Regel handelt es sich dabei um freie Berater, die eine ganze Palette unterschiedlicher Fonds anbieten. Das größte Problem: Die Beratungsqualität solcher als Fondsshop bezeichneten Firmen ist sehr unterschiedlich.

Zum Thema Finanzberater ist grundsätzlich zu sagen: Finanzberater darf sich jeder nennen. Anlageberater oder Vermögensberater auch. Stellt sich also die Frage, welche Finanzberater zu empfehlen sind. Mein persönlicher Rat für Sie lautet: Wenden Sie sich an einen der Berater des Bundesverbandes Deutscher Investmentberater e.V. Der Verein sitzt in Hamburg, Internetfans finden die Homepage unter www.bev.de. Diese bietet auch eine Landkarte mit den jeweiligen Wohnsitzen der Berater. Oder aber Sie erkundigen sich telefonisch (040/545452), wo in Ihrer Nähe ein Mitglied zu finden ist. Die Beratung durch die unabhängigen Mitglieder dieses Bundesverbandes hat den Vorteil, dass vor jedem Vertragsabschluss zu einem Fonds Ihr Anlegertyp bestimmt wird. Bei diesem Check spielen Ihre Risikofreudigkeit, Ihre Anlagementalität, Ihre persönliche Vermögenssituation sowie Ihre Anlageerfahrung eine Rolle. Auf die Qualität der Beratung können Sie sich – ohne Gewähr – nach allen uns vorliegenden Informationen verlassen. Der Bundesverband wählt die Mitglieder sorgsam aus. Vor Aufnahme sind notwendig:

- Abgeschlossene Bankausbildung oder abgeschlossenes Studium der Wirtschafts- oder Rechtswissenschaften bzw. eine Registrierung als Finanzdienstleistungsinstitut durch das Bundesaufsichtsamt für das Kreditwesen
- Beratung in gewerblich genutzten Räumen
- Schwerpunkt der Beratungstätigkeit muss auf Investmentfonds liegen
- Benutzung unabhängiger Analysesoftware

Sieben wichtige Erfolgsregeln für den Kauf von Investmentfondsanteilen

Bevor Sie einen Investmentsparvertrag abschließen und anschließend Ihr Geld an eine Fondsgesellschaft überweisen, sollten Sie immer die folgenden sieben Erfolgsregeln zu Ihrer vollen Zufriedenheit beantworten können. Wenn Sie bei einer der Erfolgsregeln zögern oder merken, dass Ihnen Informationen fehlen, warten Sie mit Ihrer Anlageentscheidung, bis Ihnen ausreichende Informationen vorgelegt werden oder Sie sich die entsprechenden Informationen besorgt haben.

Erfolgsregel 1
Ich habe mir ausreichend Gedanken über meine Risikobereitschaft gemacht und weiß einzuschätzen, wie ich mein Vermögen oder meine Spargelder verteilen sollte (Anlegertyp, Risikoanalyse). ☑

Erfolgsregel 2
Ich habe mich erkundigt, welche Bank, Versicherung oder sonstige Gesellschaft hinter dem von mir ausgewählten Fonds steckt. ☑

Erfolgsregel 3
Ich habe mich vergewissert, dass der Fonds entsprechend meiner Risikobereitschaft das Fondsvermögen anlegt. Ich habe ausreichende Informationen darüber, mit welchen Schwerpunkten der Fonds anlegt. ☑

Erfolgsregel 4
Ich habe mich über die anfallenden Gebühren informiert und weiß, ob der Fonds im Verhältnis zu anderen, vergleichbaren Fonds günstig oder teuer ist. Ich habe mich damit nicht nur an den Renditeangaben orientiert, sondern auch an den mit der jeweiligen Fondsanlage verbundenen Kosten. ☑

Erfolgsregel 5
Ich habe mich über das Fondsmanagement informiert, so weit es möglich war. Wenn es besondere Interessenschwerpunkte des Fondsmanagements gibt, sind mir diese bekannt. Ich habe mich auch darüber informiert, wie lange das jetzige Fondsmanagement und insbesondere der jetzige Fondsmanager bereits den jeweiligen Fonds verwaltet. ☑

Erfolgsregel 6

Ich habe kurz-, mittel- und langfristige Renditeergebnisse der Vergangenheit verglichen. Der von mir ausgewählte Fonds lag im Vergleich zu Wettbewerbern immer in der Spitzengruppe. ☑

Erfolgsregel 7

Ich habe alle notwendigen Fondsunterlagen wie Prospekte, Fondssatzung usw. vorliegen. Es gibt keine Unstimmigkeiten zwischen den mündlichen Angaben des Beraters und den schriftlichen Unterlagen. ☑

Checkliste vor Kauf

Grundsätzlich gilt – insbesondere für Einsteiger: Kaufen Sie nur dann, wenn Sie die zuvor genannten sieben Erfolgsregeln beachtet haben und folgende Checkpunkte einwandfrei mit Ja beantworten können:

JA

Ich habe ein gutes Gefühl bei meinem Berater ( )

Ich habe mich ausreichend erkundigt, dass mein Berater hauptberuflich Finanzberater ist. ( )

Ich wurde zu keiner Anlageentscheidung gedrängt, sondern hatte ausreichend Zeit, mir alle Unterlagen anzusehen. ( )

Ich kenne die möglichen Renditechancen, mein Berater hat mir jedoch ausdrücklich auch die Risiken genannt. ( )

Mein Berater konnte mir alle meine Fragen problemlos beantworten oder mir die Antwort nach eigener Recherche vorlegen.
( )

Ich kenne die steuerlichen Auswirkungen der möglichen Fondsanlage und habe diese ohne Wenn und Aber verstanden. ( )

Mein Berater hat mir, obwohl er zu einer Bank gehört, auch solche Produkte genannt, bei denen unabhängig von den Bankinteressen Fonds ausgesucht werden (vgl. Kapitel »Dachfonds«, DWS BestSelect...)   ( )

Diese Fragen dienen lediglich als »Anker«, damit Sie nichts vergessen, was für Ihre Geldentscheidung wichtig sein könnte. Dabei gilt: Neben allen Checkpunkten ist das Vertrauen ein wichtiges Plus. Wenn Sie seit Jahren mit einem bestimmten Berater Ihrer Bank richtig zufrieden sind und er für eine einzige Bank arbeitet, entsprechende Anlageerfolge schwarz auf weiß für Sie vorzuweisen hat, sollten Sie sehr gut überlegen, bevor Sie in Aussicht auf einige mögliche Renditepunkte mehr eine solche Vertrauensbeziehung aufgeben. Aber wie es so schön heißt: Vertrauen ist gut, Kontrolle ist besser. Die Zahlen, die Ihr Berater Ihnen vorlegt, müssen den Zahlen vergleichbarer Geldanlagen standhalten.

Ein Beispiel: Selbst wenn Sie seit zehn Jahren vertrauensvoll mit einem Berater der ADIG Investment, Ihrem Sparkassenberater oder einem Berater, der hauptsächlich Fonds der Gesellschaft Münchner Kapitalanlage (MK) vertreibt, zusammenarbeiten und Sie auf international anlegende Aktienfonds dieser drei Gesellschaften gesetzt haben, sollten Sie Ihre Anlagestrategie überdenken. Diese Fonds brachten, Stand Frühjahr 2000, eine Rendite von:

Deka Spezial (Deka, Sparkassen)	12,3 Prozent
Fondis (ADIG)	10,7 Prozent
MK Investors	9,7 Prozent

(Angaben gerundet)

Aus 10 000 Mark wurden also rund:

Deka Spezial (Deka, Sparkassen)	32 000 Mark
Fondis (ADIG)	28 000 Mark
MK Investors	25 000 Mark

(Angaben gerundet)

Zum gleichen Zeitpunkt brachten es Top-Fonds auf einiges mehr
an Vermögen:
Deutscher Vermögensbildung A   45 000 Mark (16,3 %)
Interglobal   38 000 Mark (14,3 %)

Hier geht es also, wie Sie selbst sehen, um einige tausend Mark
mehr oder weniger. Daher nochmals: Vertrauen ist gut, Berater-
und Ergebniskontrolle ist besser.

2.

Verkauf

Sie können Ihren Investmentsparplan oder -sparpläne jederzeit
auflösen. Dafür genügt ein entsprechendes Schreiben entweder
an die jeweilige Fondsgesellschaft oder aber, wenn es sich um
einen ausländischen Fonds handelt, an die deutsche Vertriebs-
stelle. Nach Eingang Ihres Schreibens wird das Konto aufgelöst.
Den entsprechenden Gegenwert erhalten Sie auf Ihr Girokonto
überwiesen. Dieser Verkauf von Investmentanteilen ist völlig un-
problematisch. Sie müssen auch nicht alle Investmentanteile verkaufen, sondern können das Stück für Stück tun.
    Tipp: Wenn Sie Ihr Investmentkonto ganz auflösen wollen,
denken Sie daran
    a) den möglicherweise erteilten Freistellungsauftrag und
    b) die Einzugsermächtigung für die bislang abgebuchten Spar-
        raten zu widerrufen.

WICHTIG: Reich mit Investmentfonds werden Sie auf Dauer
umso eher, je länger Sie durchhalten. »Zwangssparen« ist ange-
sagt. Jedes weitere Jahr Anlagedauer bringt Ihnen am Ende – bei
positiver grundsätzlicher Kursentwicklung an den Börsen – den
höchstmöglichen Gewinn. Lösen Sie also niemals einen Aktienfondssparplan ohne wirklich triftigen Grund auf. Vor allem dann
nicht, wenn es um die Anschaffung irgendwelcher Konsumgüter,

beispielsweise eines neuen Autos, einer neuen Küche, einer neuen Wohnungseinrichtung etc. geht. Natürlich ist es verlockend, wenn so ein paar Tausender auf dem Konto liegen, diesen Betrag auszugeben und sich einmal so richtig etwas zu gönnen. Letztlich jedoch schaden Sie sich selbst und Ihrem Erfolgsprogramm zur finanziellen Unabhängigkeit. Im Folgenden nenne ich Ihnen einige Zahlen, die Sie überzeugen werden, stets noch ein weiteres Jahr durchzuhalten.

Ein Beispiel:

Carl Money spart seit 15 Jahren regelmäßig 200 Mark monatlich in einen Aktienfonds. Zurzeit kommt er jedoch mit seinem Sparziel ins Wanken. Er hat sich nämlich soeben seinen Traumwagen angesehen. Ein herrliches Auto, nur ein wenig zu teuer. »Aber ich habe doch noch meinen Sparplan«, denkt Carl Money. »Endlich weiß ich, wozu ich die ganzen Jahre gespart habe.« Carl hat nicht Unrecht. Denn abhängig von der Rendite seines Investmentfondssparplans, ist im Laufe der Jahre ein stolzes Vermögen zusammengekommen:

200 Mark monatliche Sparrate	Vermögen nach 15 Anlagejahren
angenommene Rendite (in Prozent)	
6	54 600 Mark
8	64 300 Mark
10	75 900 Mark
12	89 800 Mark
14	115 400 Mark

Das Wunschauto soll rund 76 000 Mark kosten, also so viel, wie Carls Investmentsparplan wert wäre, wenn er in den vergangenen Jahren eine durchschnittliche Rendite von zehn Prozent jährlich erzielt hätte. Gehen wir einmal davon aus, dass diese Rendite erzielt wurde und Carl das Geld für sein Wunschauto also tatsächlich auf dem Konto hat. Was passiert nun, wenn er seinen Traumwagen kauft? Betrachten wir die Vermögensrechnung, unterstellt, dass der Investmentsparplan im kommenden Jahr wiederum um zehn Prozent gewachsen wäre:

Vermögensrechnung 1	Wert des Wagens	Verlust
1. Jahr nach Kauf	68 400	7 600
2. Jahr nach Kauf	61 600	14 400
3. Jahr nach Kauf	55 400	20 600

Vermögensrechnung 2	Fiktiver Wert des Sparguthabens	Entgangener Gewinn
1. Jahr nach Kauf	83 600	7 600
2. Jahr nach Kauf	91 960	15 960
3. Jahr nach Kauf	101 200	25 200

Rechnet man nun den Verlust aus dem Autokauf mit dem möglichen entgangenen Gewinn zusammen, kommen Sie auf folgende Zahlen:

GESAMT»VERLUST»

1. Jahr	15 200
2. Jahr	30 360
3. Jahr	45 800

Fazit: Es geht nicht darum, Ihnen die Freude an geplantem, notwendigem und sicherlich auch Spaß machendem Konsum zu nehmen. Es geht lediglich darum, deutlich zu machen, wie innerhalb von nur drei Jahren ein großes Vermögen entweder Ihnen gehört oder eben nicht. Es geht darum, dass Sie vor jeder Kontoauflösung eines Investmentfondssparplans sehr gut überlegen sollten, ob Sie den Sparplan wirklich auflösen müssen. Und: Beenden Sie niemals einen Investmentfondssparplan, um mit dem angesammelten Vermögen Konsumwünsche zu decken. Unser vereinfachtes Beispiel mit dem Autokauf macht es deutlich: Solche Entscheidungen kosten Sie möglicherweise richtig viel Geld!!

Tipp: Wenn Sie einen Fondssparplan über eine bestimmte

Laufzeit durchhalten wollen, hilft es in vielen Fällen, sich die ursprünglich gedachte Laufzeit auf einem weißen Blatt Papier mit großen Zahlen zu notieren und dieses Blatt zu den entsprechenden Fondsunterlagen zu nehmen.

Beispiel:

Dieser Fondssparplan läuft zehn Jahre bis
zum 1. August des Jahres xxx

Wenn Sie dann doch eines Tages Ihr Guthaben plündern wollen und erblicken dieses Blatt Papier mit Ihrem schriftlich festgehaltenen Anlageziel, fällt es Ihnen sicherlich leichter, durchzuhalten!

ZUSAMMENFASSUNG

Wenn ich in meinen Seminaren und Vorträgen die Teilnehmer nach den Kriterien frage, die eine »optimale« Geldanlage erfüllen sollte, sind es stets die gleichen Punkte, die genannt werden:

> **1. Sicherheit**
> **2. Hohe Rendite = Hoher Gewinn**
> **3. Verfügbarkeit**
> **4. Steuergünstig**
> **5. Verständlich**

Die Investition Ihres Vermögens in Aktien bietet Ihnen eine nahezu einzigartige Kombination aus diesen fünf Kriterien.

1. Sicherheit

Ihr Geld ist durch die gesetzlichen Vorschriften, durch die Trennung von Fondsmanagement und Depotbank und durch die Kontrolle der Depotbank sicher. Da maximal fünf Prozent des Fondsvermögens in eine Aktie investiert werden dürfen, ist Ihr Risiko optimal gestreut.

2. Hohe Rendite = Hoher Gewinn

Dadurch, dass hoch bezahlte, professionelle Fondsmanager mit ihren Teams für die bestmöglichen Ergebnisse sorgen, sind Ihre Gewinnaussichten optimal. Hierbei gilt noch einmal: Die eigenverantwortliche Geldanlage in einzelne Aktien bringt zwar in Einzelfällen höhere Gewinne, aber in der Mischung aus Chance und Risiko sind Aktienfonds unschlagbar. Dazu kommt eine nicht unerhebliche Zeitersparnis: Letztlich müssen Sie sich um nichts kümmern.

3. Verfügbarkeit

Im Notfall kommen Sie an Ihr Geld jederzeit ran, ohne dass besondere Gebühren anfallen. Sie geben Ihrer Bank oder der Fondsgesellschaft den Verkaufsauftrag für die gewünschte Anzahl Ihrer Fondsanteile. Sobald die Fondsanteile verkauft sind, wird das Geld auf das von Ihnen angegebene Konto überwiesen.

4. Steuergünstig

Aktienfonds erzielen, wenn es an der Börse gut läuft, zu einem großen Teil Kursgewinne und nur zu einem kleinen Teil Dividenden. Wenn Sie die gesetzlichen Fristen einhalten, ist ein großer Teil des Gewinns steuerfrei.

5. Verständlich

Aktienfonds sind kein Buch mit sieben Siegeln. Sobald Sie Ihren Fondssparvertrag abgeschlossen haben, läuft alles Weitere automatisch. Ihre Sparraten werden bequem abgebucht, mit Einmalzahlungen oder Zusatzzahlungen können Sie problemlos weitere Fondsanteile erwerben. Über Ihren Vermögensstatus werden Sie regelmäßig mittels Kontoauszügen informiert.

Merke: Für Ihren Weg zu Reichtum sind Aktienfonds ein Muss. Mit keiner anderen Geldanlage können Sie bequemer, sicherer und mit hohen, möglichen Gewinnen ein großes Vermögen aufbauen.

Ihre Geldziele

Die... Grundregel besagt, dass jemand, der systematisch einen bestimmten Prozentsatz seiner Einkünfte spart, mit sehr großer Wahrscheinlichkeit finanzielle Unabhängigkeit erreichen wird; wer jedoch nicht spart, wird mit absoluter Sicherheit niemals finanziell unabhängig sein – ganz gleich, wie viel er verdient.
Aus: Napoleon Hills »Gesetze des Erfolges«

Bravo! Sie haben es geschafft! Rund 220 Seiten »Erfolgsprogramm Aktienfonds« für Ihren Weg zur ersten Million, für Ihren Weg zu Reichtum und finanziellem Erfolg liegen hinter Ihnen. Bitte tun Sie mir einen Gefallen: Wenn Sie einzelne Passagen dieses Buches noch nicht ganz verstanden haben, blättern Sie noch einmal zurück und lesen die entsprechenden Stellen ein zweites oder gar drittes Mal. Markieren Sie für Sie wichtige Stellen. Es ist entscheidend, dass Sie jedes Kapitel wirklich verstehen. Wie wir gemeinsam gelernt haben, gibt es auf lange Sicht zur Geldanlage in Aktienfonds keine Alternative. Doch bitte denken Sie daran: Eine Garantie für bestimmte Ergebnisse oder Erlöse gibt es bei Aktienfonds nicht. Es gibt keine Investition ohne Risiko. Selbst die vermeintlich sicherste Anlageform, das Sparbuch, kostet Sie am Ende genau das, was Sie sichern wollten: Ihr Vermögen. Und an der Börse geht es nun einmal auf und ab, die Börse ist keine Einbahnstraße. Damit schwanken auch die Ergebnisse der Aktienfonds. Wer jedoch die richtigen Geldgesetz berücksichtigt, wer nach dem Erfolgsprogramm dieses Buches arbeitet und wer dadurch in die Geldanlagen für Gewinner spart, kann gar nicht anders als reich werden. Jetzt geht es nur noch darum, ob Sie wirklich reich werden wollen. Ob Sie Ihre Geldziele kennen. Sie können niemals ankommen, gleich was auch immer Sie erreichen möchten, wenn Sie Ihr Ziel nicht kennen. Auch in Bezug auf das Reichwerden mit Aktienfonds ist es nun Ihre letzte, jedoch sehr wichtige Aufgabe, Ihre Geldziele für die Zukunft festzulegen. Sie werden mit Aktienfonds nur reich, wenn Sie in Bezug auf Ihre Geldanlage in Aktienfonds etwas tun. Das kann bedeuten, dass Sie Ihre bisherigen Fondsanlagen überprüfen und neu zusammenstellen. Das kann auch bedeuten, dass Sie nun erstmals Ihre Aktienfondsanlagen bestimmen. Wichtig ist, dass Sie selbst Ihre Ziele für das Reichwerden mit Aktienfonds benennen. Daher bitte ich Sie zum Schluss dieses Buches, Ihre wichtigsten fünf Geldziele im Folgenden schriftlich festzuhalten:

Ich will …

1. _____

2. _____

3. _____

4. _____

5. _____

Gratulation! Jetzt haben Sie wirklich alles getan, um mit Aktienfonds und den richtigen Gewinnerstrategien Ihre erste Million zu erreichen. Wann auch immer Sie in Ihren Entschlüssen schwanken oder von Ihren soeben niedergeschriebenen Zielen abrücken wollen, greifen Sie zu diesem Buch, lesen Sie das entsprechende Kapitel zu den richtigen Sparprinzipien, um anschließend beständig Ihr persönliches, finanzielles Erfolgsprogramm weiterzuverfolgen. Lesen Sie immer wieder Ihre eigenen Ziele, wenn Sie mit dem Gedanken spielen, mit dem Sparen aufzuhören. Wenn Sie das tun, ist es nicht möglich, nicht reich zu werden. Denken Sie an die oben zitierte Grundregel von Napoleon Hill:

Jemand, der systematisch einen bestimmten Prozentsatz seiner Einkünfte spart, wird mit sehr großer Wahrscheinlichkeit finanzielle Unabhängigkeit erreichen; wer jedoch nicht spart, wird mit absoluter Sicherheit niemals finanziell unabhängig sein – ganz gleich, wie viel er verdient.

Ich wünsche Ihnen Disziplin und den größtmöglichen finanziellen Erfolg. Denken Sie daran: Da es andere Menschen gibt, die mit Aktienfonds und den in diesem Buch beschriebenen Gewinnerstrategien ein großes Vermögen aufgebaut haben, können Sie es auch! Sie müssen nur eines: Etwas tun!

Noch einmal zum Schluss meine Bitte: Unterstützen Sie meine Aktion, das Thema Geldunterricht an Schulen für unsere Kinder so lange zu fordern, bis die Verantwortlichen reagieren. Hier zählt jeder Monat. Denn für uns alle und insbesondere für unsere Kinder gilt als Voraussetzung für Reichtum & Wohlstand: Nicht warten, starten! – Vielen Dank für Ihre Aufmerksamkeit. Mir hat es Spaß gemacht, für Sie zu schreiben!

Ihr
Bernd W. Klöckner

MEHR ALS EIN HERZLICHES DANKESCHÖN

Wieder einmal ist ein Buch geschrieben, an dem zahlreiche Menschen mitgearbeitet haben. Mein erstes herzliches DANKESCHÖN geht an einen ganz besonderen Verlag mit ganz besonders wertvollen Büchern, an den Junfermann-Verlag, einen auf die Themen Gehirn, Psychologie und NLP spezialisierten Verlag. Aus vielen hervorragenden Büchern dieses Verlages habe ich zahlreiche Anregungen erhalten, die ich unmittelbar auf das Thema »Geld & Reichtum« umsetzen konnte. Wenn Sie das Verlagsprogramm nicht kennen, fordern Sie es unbedingt einmal an, oder surfen Sie ein wenig im Internet unter www.junfermann.de. Auf unserer eigenen Homepage www.FINANZ-INSTITUT-Kloeckner.de finden Sie darüber hinaus zahlreiche Besprechungen von Buchtiteln dieses Verlages. Mein nächstes DANKESCHÖN gilt meinem gesamten Institutsteam auf Schloss Martinsburg in Lahnstein, allen voran Karin Gerharz und Stefan Horn. Karin Gerharz zu beschreiben ist kaum möglich. Sie ist unbeschreiblich tüchtig, in ihrer Energie kaum zu bremsen und dabei, trotz aller zwischenzeitlichen Hektik, in ihrer Arbeit äußerst genau. Ihre tolle Leistung hat einen großen Anteil an dem in den letzten Jahren enormen Erfolg unseres Instituts. Ebenfalls sage ich DANKESCHÖN an Stefan Horn, Mitarbeiter und Partner in unserem Institut. Seit Anfang 1999 dabei, hat er einen großen Teil dazu beigetragen, dass rund um das Thema Seminare, Bücher und Finanzberatung alles hervorragend läuft. Es gibt wenige gute und verlässliche Partner, Karin und Stefan sind solche! Ein weiteres DANKESCHÖN gilt Thomas Montasser. Ohne ihn, der seit Jahren meine immer wieder überschäumenden Ideen aushält, gäbe es keines der bisherigen Bücher und auch nicht das vorliegende Buch. Ein DANKESCHÖN geht an Herbert Kauth, Experte im Bereich der Finanzdienstleistung für die Themen Marketing und

Vertrieb. Sorgfältig achtete er Seite für Seite darauf, dass dieses Buch aus der Praxis für die Praxis geschrieben wurde, und gab mir in gemeinsamen Gesprächen zahlreiche Anregungen. Last but not least: DANKESCHÖN an Frau König vom Goldmann-Verlag sowie an das gesamte Team von birkenbihl media. Beide sind im Laufe der Zeit prima Erfolgspartner geworden.

ANHANG

Wichtige Adressen

Beratungsadressen

Eine der häufigsten Fragen in Zusammenhang mit Fondssparen ist immer wieder:»Wie finde ich einen guten, unabhängigen Berater?« Seit Jahren empfehle ich meinen Seminarteilnehmern den Bundesverband Deutscher Investmentberater e. V. (BVDI). Hier werden die Mitglieder durch strenge Aufnahmekriterien im Vorfeld ausgewählt, und Sie können sicher sein, dass ein Berater des BVDI über ausreichendes Fach-Know-how verfügt.

Ein weiterer Vorteil ist, dass Sie im persönlichen Gespräch mit Ihrem BVDI-Investmentberater Ihr Risikoprofil gemeinsam erarbeiten. Das ist im persönlichen Gespräch stets besser als ausschließlich auf dem Papier. Die Adresse eines BVDI-Mitgliedes in Ihrer Nähe können Sie über den BVDI erfragen:

BVDI
Kieler Straße 357–359
22525 Hamburg
Tel.: (040) 545452
Fax: (040) 545355

Info-Links für Internet-Nutzer

www.bvdi.ev.de	Homepage des Bundesverbandes der Investmentberater
www.micropal.de	erstklassige Investmentfondsdatenbank
auch www.SundP.de	mit Ranglisten und sehr guten Übersichten

Informationsadressen für hilfreiche EDV-Programme

Zwei EDV-Programme sind aus meiner Sicht für alle empfehlenswert, die über ein größeres Vermögen verfügen und selbst professionell mit Investmentfonds handeln wollen (Reihenfolge alphabetisch, keine Wertung).

FCS-Fonds
Finanz Computer Service
Erftstadt
Tel.: 02235/76667

FVBS
Finanzen Herzberg
Tel.: 089/61379618

Sonstige Adressen rund um das Thema Börse, Aktien, Investmentfonds
Bundesverband Deutscher Investmentgesellschaften (BVI) e.V.
Eschenheimer Anlage 28
60318 Frankfurt
Tel.: (069) 15090-0
Fax: (069) 5971406

www.bvi.de

Anmerkung: Hier erhalten Sie zahlreiche, kostenlose Informationen rund um das Thema Investmentfondssparen. Rufen Sie an, und erkundigen Sie sich nach den auf Ihren Informationswunsch passenden Broschüren.

Deutsches Aktieninstitut (DAI) e.V.
Biebergasse 6–10
60313 Frankfurt
Tel.: (069) 92915-0
Fax: (069) 9291511

Buchempfehlungen

Investmentsparen
Wie Sie in kleinen Schritten ein Vermögen aufbauen
Burkhard Baye, Marco Habschick
rororo Sachbuch, DM 16,90
Anmerkung: Ein kleines, hervorragend geschriebenes Taschenbuch für alle Fondseinsteiger. Für jeden verständlich nennen die Autoren alle wichtigen Punkte rund um das Gewinn bringende Investmentfondssparen.

Kursbuch Investmentfonds
Egon Wachtendorf
Fischer Verlag, DM 19,90
Anmerkung: Egon Wachtendorf ist der »alte Hase« unter den Investmentfondsprofis. Sein unerschöpfliches und detailliertes Wissen hat er in diesem prima geschriebenen Taschenbuch zusammengefasst. Das Buch ist ein Muss für jeden, der in die Investmentbranche einsteigen, teure Fehler vermeiden und die richtigen Anlageentscheidungen treffen will. Dieses Buch müssen Sie kaufen!

Investmentfonds für Einsteiger
Alles, was Sie über Auswahl und Anlagestrategie wissen müssen
Werner Esser
Campus concret, DM 29,80
Anmerkung: Ein sorgfältig geschriebenes Einsteigerbuch. Der Autor geht ausführlich auf alles ein, was Gewinnsparer über Investmentfonds wissen müssen.

Profi-Handbuch Investmentfonds
Auswahl-Anlage-Vorsorgestrategien
Mit Charts und Performance-Liste
Anke Dembowski
Walhalla, DM 49,–
Anmerkung: Anke Dembowski ist ausgewiesene Kennerin der Investmentfondsszene und mehrfache Erfolgsautorin. Das Buch ist ein umfangreiches Standardwerk und für jeden Geldanleger – ob Profi oder Einsteiger – empfehlenswert.

Ausgewählte Aktienfonds unterschiedlicher Kategorien

A. Aktienfonds International
B. Aktienfonds Deutschland
C. Aktienfonds Europa
D. Aktienfonds Osteuropa
E. Aktienfonds Fernost ohne Japan
F. Aktienfonds Japan
G. Aktienfonds Technologie & Telekom
H. Gemischte Fonds Deutschland
I. Gemischte Fonds Europa
J. AS-Fonds dynamisch
K. AS-Fonds neutral
L. Offene Immobilienfonds Europa

Die Tabellen A–L wurden mit freundlicher Genehmigung von Standard & Poor's bzw. micropal abgedruckt! Herzlichen Dank an dieser Stelle an das Team von micropal für die Unterstützung bei diesem Buch.

Für Sie als Leser gilt: Die Internetseiten www.micropal.de oder www.SundP.de sollten Sie auf Ihrem Weg zu Reichtum mit Aktienfonds auf jeden Fall besuchen. Hier finden Sie aktuelle, umfangreiche Informationen aller Aktienfonds.

Anhand der Mustertabelle 1 auf der nächsten Seite wird der Tabellenaufbau erläutert. Die Erklärungen gelten für alle Folgetabellen.

Hinweis zu den Tabellen:

Wert und Rendite einer Aktienfondsanlage, grundsätzlich jeder Investmentanlage, können steigen oder fallen. Eine positive Entwicklung in der Vergangenheit ist keine Garantie für eine positive, zukünftige Entwicklung.

So lesen Sie die Tabellen:

Micropal Workstation Report								
Einmalanlage, % Veränderung, Anfangsbetrag DM 100,00, Rück-R.								
Deutsche reg. Fonds	*Währung*	*WKN*	*S&P FS*	*29/01/99*				
Aktien International	*ISO*		*Star*	*31/01/00*				
	Code		*Ranking*	*%Veränd*	*Rang*	*Qrtl*	*%Veränd*	
SMH International UBS Fonds	XDM	848821	*****	90,09%	6	1	414,67%	
Deutscher Vermögensbildungs A	XDM	847650	****	67,82%	17	1	380,25%	
Deutscher Vermögensbildung	XDM	847652	*****	90,06%	7	1	366,54%	
ACMGI Global Gth Trends AX	USD	971873	****	59,25%	28	1	325,25%	
Metzler Wachstum International	XDM	975225	****	80,45%	9	1	323,48%	
Anglo Irish Global Equity	XAU	987927	****	40,32%	91	2	308,43%	

Wertpapierkennnummer – diese geben Sie beim Kauf eines Fonds an

Wertzuwachs gesamt

Qualitätsranking nach Standard & Poors, grundsätzlich gilt: je mehr Sterne, desto besser

Absolute Rangstelle im Vergleich zu allen anderen Fonds der jeweiligen Kategorie

Quartilskennzahl laut Standard & Poors. Erklärung: Der 10. Rang bei nur 10 Fonds einer Kategorie ist schlecht, bei 100 Fonds einer Kategorie ist es gut bis sehr gut. Steht hier eine »1« war der Fonds unter den Top 25 Prozent, bei einer »2« unter den Top 50 Prozent usw.

(Quelle: Standard & Poor's micropal)

A. AKTIENFONDS INTERNATIONAL

Micropal Workstation Report

Einmalanlage, % Veränderung, Anfangsbetrag DM 100,00, Rück-Rück, Deutschmark, Brutto, Gefiltert (Quelle: Standard & Poor's micropal)

Deutsche reg. Fonds / Aktien International	Währung ISO Code	WKN	S&P FS Star Ranking	29/01/99 – 31/01/00 %Veränd	Rang	Qrtl	31/01/95 – 31/01/00 %Veränd	Rang	31/01/90 – 31/01/00 %Veränd	Rang	Qrtl	31/01/85 – 31/01/00 %Veränd	Rang	Qrtl
SMH International UBS Fonds	XDM	848821	*****	90,09%	6	1	414,67%	1	294,52%	10	1	706,17%	3	–
Deutscher Vermögensbildungs A	XDM	847650	****	67,82%	17	1	380,25%	2	352,15%	5	1	848,38%	1	1
Deutscher Vermögensbildung!	XDM	847652	*****	90,06%	7	1	366,54%	3	469,28%	1	1	704,35%	4	1
ACMGI Global Gth Trends AX	USD	971873	****	59,25%	28	1	325,25%	4	K/A	–	–	K/A	–	–
Metzler Wachstum International	XDM	975225	****	80,45%	9	1	323,48%	5	K/A	–	–	K/A	–	–
Anglo Irish Global Equity	XAU	987927	****	40,32%	91	2	308,43%	6	K/A	–	–	K/A	–	–
Sogelux Fd Eq World	USD	986615	****	66,56%	18	1	302,55%	7	330,52%	7	1	K/A	–	–
Fidelity Fds International	USD	972031	****	42,67%	68	2	279,61%	8	K/A	–	–	K/A	–	–
Robeco N.V	XNL	970259	*****	51,73%	46	1	277,35%	9	363,29%	3	1	653,65%	5	1
RWS WACHSTUMSFONDS MI	XDM	976165	****	73,02%	14	1	274,05%	10	K/A	–	–	K/A	–	–
Indocam Mosaïs Global Eq PA	XFR	989761	****	60,83%	26	1	272,90%	11	K/A	–	–	K/A	–	–
DekaSpezial	XDM	847466	*****	54,88%	36	1	271,89%	12	218,62%	24	3	285,61%	22	4
Oppenheim Topic Global	XDM	848660	****	55,17%	34	1	269,46%	13	K/A	–	–	K/A	–	–
DB International D	XDM	976370	****	61,70%	22	1	268,41%	14	K/A	–	–	K/A	–	–
Interglobal	XDM	847507	*****	53,57%	41	1	267,73%	15	278,83%	11	2	410,34%	14	3

B. AKTIENFONDS DEUTSCHLAND

Micropal Workstation Report

Einmalanlage, % Veränderung, Anfangsbetrag DM 100,00, Rück-Rück, Deutschmark, Brutto, Gefiltert (Quelle: Standard & Poor's micropal)

Deutsche reg. Fonds / Aktien Deutschland	Währung / ISO / Code	WKN	S&P FS / Star / Ranking	29/01/99 31/01/00			31/01/95 31/01/00			31/01/90 31/01/00			31/01/85 31/01/00		
				%Veränd	Rang	Qrtl	%Veränd	Rang	Qrtl	%Veränd	Rang	Qrtl	%Veränd	Rang	Qrtl
AIG Equity Fund Germany	XDM	972978	***	172,77%	1	1	487,31%	1	1	K/A	–	–	K/A	–	–
Baring German Growth	GBP	972849	*****	65,36%	5	1	454,72%	2	2	K/A	–	–	K/A	–	–
Nürnberger ADIG A	XDM	847122	*****	46,17%	7	1	374,51%	3	3	K/A	–	–	K/A	–	–
ABN AMRO Germany Equity	XDM	973684	*****	43,02%	12	1	368,57%	4	4	K/A	–	–	K/A	–	–
DWS Deutsche Aktien Typ 0	XDM	847428	*****	53,32%	6	1	316,70%	5	5	K/A	–	–	K/A	–	–
VERI VALEUR Fonds	XDM	976320	*****	45,95%	8	1	298,38%	6	6	K/A	–	–	K/A	–	–
Plusfonds	XDM	847108	*****	44,30%	10	1	297,28%	7	7	330,31%	2	1	910,28%	3	1
INVESCO GT German Growth A	XDM	986696	***	87,78%	2	1	275,02%	8	8	258,58%	12	2	K/A	–	–
VICTORIA Eurokapital	XDM	975746	*****	39,74%	20	1	261,13%	9	9	K/A	–	–	K/A	–	–
Investa	XDM	847400	*****	36,53%	28	1	254,61%	10	10	334,77%	1	1	916,25%	2	1
ADIFONDS	XDM	847103	****	40,23%	16	1	250,98%	11	11	279,52%	9	2	725,06%	6	2
DVG Fonds SELECT INVEST	XDM	847656	****	31,38%	55	2	248,50%	12	12	320,17%	3	1	K/A	–	–
DIT Wachstumfonds	XDM	847516	****	34,53%	33	2	247,55%	13	13	243,88%	15	2	K/A	–	–
Incofonds	XDM	849466	***	25,12%	98	4	238,30%	14	14	302,82%	4	1	835,17%	4	1
Activest Aktien Deutschland	XDM	976950	****	32,85%	42	2	237,67%	15	15	K/A	–	–	K/A	–	–

Micropal Workstation Report

Einmalanlage, % Veränderung, Anfangsbetrag DM 100,00, Rück-Rück, Deutschmark, Brutto, Gefiltert (Quelle: Standard & Poor's micropal)

Deutsche reg. Fonds / Aktien Europa	Währung	WKN	S&P FS / Star	29/01/99 / 31/01/00			31/01/95 / 31/01/00		31/01/90 / 31/01/00			31/01/85 / 31/01/00		
	ISO Code		Ranking	%Veränd	Rang	Qrtl	%Veränd	Rang	%Veränd	Rang	Qrtl	%Veränd	Rang	Qrtl
Threadneedle Euro Sel Gth 1	GBP	987663	****	43,92%	29	1	423,50%	1	477,88%	2	1	N/A	–	–
Gartmore CSF Cont'l Europe	XDM	974433	*****	52,40%	15	1	422,71%	2	436,27%	4	1	N/A	–	–
INVESCO GT Pan European A	XDM	973788	****	57,92%	10	1	371,61%	3	N/A	–	–	N/A	–	–
HSBC GIF Pan–European Equity	USD	973763	*****	56,54%	12	1	359,90%	4	N/A	–	–	N/A	–	–
Amex Worldfolio Euro Equities	XEC	971703	*****	53,37%	14	1	356,48%	5	N/A	–	–	N/A	–	–
Newton Continental European	GBP	930431	****	26,11%	122	3	353,93%	6	362,90%	7	1	N/A	–	–
Henderson HF European	EUR	989226	****	71,98%	6	1	345,71%	7	288,26%	13	2	676,75%	5	3
HSBC GIF European Opps	USD	987890	*****	49,32%	17	1	342,74%	8	N/A	–	–	N/A	–	–
Swiss Life Proteus Euro Eq	EUR	988230	****	104,84%	4	1	335,32%	9	N/A	–	–	N/A	–	–
Sun Life GP European Gth	XEC	971795	*****	60,98%	7	1	332,58%	10	311,92%	11	2	N/A	–	–
DWS Euro Aktien Typ 0	XDM	849082	***	44,54%	26	1	332,25%	11	N/A	–	–	N/A	–	–
Volksbank Europa Invest	XAU	988681	****	105,43%	3	1	327,13%	12	501,42%	1	1	N/A	–	–
ABN AMRO Europa Equity	EUR	973925	****	32,13%	78	2	323,34%	13	N/A	–	–	N/A	–	–
BTIIS European Equity Fund	USD	986040	****	40,52%	40	1	320,02%	14	N/A	–	–	N/A	–	–
Baring European Growth	GBP	972848	****	41,35%	37	1	318,36%	15	449,81%	3	1	1722,20%	1	1

D. AKTIENFONDS OSTEUROPA

Micropal Workstation Report

Einmalanlage, % Veränderung, Anfangsbetrag DM 100,00, Rück-Rück, Deutschmark, Brutto, Gefiltert (Quelle: Standard & Poor's micropal)

| Deutsche reg. Fonds | Währung | WKN | S&P FS | 29/01/99 | | | 31/01/95 | | | 31/01/90 | | | 31/01/85 | | |
| Aktien Osteuropa | ISO | | Star | 31/01/00 | | | 31/01/00 | | | 31/01/00 | | | 31/01/00 | | |
	Code		Ranking	%Veränd	Rang	Qrtl	%Veränd	Rang	Qrtl	%Veränd	Rang	Qrtl	%Veränd	Rang	Qrtl
Fleming FF Eastern European	XDM	973802	****	45,63%	28	3	188,58%	1		N/A	–	–	N/A	–	–
Vontobel Fd East Europe Eq B	XDM	973839	*	44,27%	30	3	146,76%	2		N/A	–	–	N/A	–	–
Raiffeisen Osteuropa Aktien A	XAU	973205	*****	62,51%	13	2	126,67%	3		N/A	–	–	N/A	–	–
EM Osteuropa Fonds	XDM	973821	****	53,74%	21	2	98,27%	4		N/A	–	–	N/A	–	–
Ost Aktiv A	XAU	973065	*	52,13%	22	3	83,36%	5		N/A	–	–	N/A	–	–
Boer Multicoop Central Eur A	XAU	973891	**	63,98%	8	1	62,11%	6		N/A	–	–	N/A	–	–
Danubia Invest A	XAU	971670	**	58,09%	16	2	48,61%	7		N/A	–	–	N/A	–	–

E. AKTIENFONDS FERNOST OHNE JAPAN

Micropal Workstation Report

Einmalanlage, % Veränderung, Anfangsbetrag DM 100,00, Rück-Rück, Deutschmark, Brutto, Gefiltert (Quelle: Standard & Poor's micropal)

Deutsche reg. Fonds / Aktien Fernost ohne Japan	Währung ISO Code	WKN	S&P FS Star Ranking	29/01/99 – 31/01/00 %Veränd	Rang	Qrtl	31/01/95 – 31/01/00 %Veränd	Rang	31/01/90 – 31/01/00 %Veränd	Rang	Qrtl	31/01/85 – 31/01/00 %Veränd	Rang	Qrtl
Dresdner RCM Little Dragons	USD	971231	****	156,77%	1	1	143,22%	1	228,44%	4	2	K/A	K/A	-
Templeton GS Asian Dev Eq	USD	987433	****	67,95%	69	4	126,56%	2	348,54%	1	1	K/A	K/A	-
Fidelity Fds Asian Spec Sits	USD	974004	*****	148,30%	3	1	121,24%	3	K/A	-	-	K/A	K/A	-
Fleming FF Asian Opps	USD	971335	*****	149,51%	2	1	114,88%	4	257,36%	3	1	K/A	K/A	-
CS Focus (Lux) Asia Pacific	USD	972409	****	73,22%	65	4	112,01%	5	K/A	-	-	K/A	K/A	-
EM Fernost Fonds	XDM	973820	*****	136,91%	6	1	103,92%	6	K/A	-	-	K/A	K/A	-
Newton Oriental	GBP	930446	*****	102,62%	25	2	103,85%	7	K/A	-	-	K/A	K/A	-
Oppenheim Select East Asia	XDM	848662	****	91,39%	46	3	101,07%	8	K/A	-	-	K/A	K/A	-
Citiequity Asia Pac ex Japan	USD	971639	***	58,19%	73	4	93,41%	9	147,12%	6	2	K/A	K/A	-
DBIM Mandarin Fonds	XDM	972357	*****	125,31%	8	1	93,41%	10	K/A	-	-	K/A	K/A	-
Schroder ISF Pacific Equity A	USD	973045	****	108,16%	21	2	92,34%	11	K/A	-	-	K/A	K/A	-
DBIM Tigerfund	XDM	971254	*****	122,84%	10	1	91,24%	12	K/A	-	-	K/A	K/A	-
MAT Asia Pacific Fonds	XDM	848407	****	63,07%	70	4	86,02%	13	K/A	-	-	K/A	K/A	-
Henderson HF Pacific	USD	972769	*****	107,01%	22	2	83,35%	14	287,58%	2	1	K/A	K/A	-
Fidelity Fds South East Asia	USD	971537	***	92,04%	45	3	81,81%	15	K/A	-	-	K/A	K/A	-

F. AKTIENFONDS JAPAN

Micropal Workstation Report

Einmalanlage, % Veränderung, Anfangsbetrag DM 100,00, Rück-Rück, Deutschmark, Brutto, Gefiltert (Quelle: Standard & Poor's micropal)

Deutsche reg. Fonds / Aktien Japan	Währung ISO Code	WKN	S&P FS Star Ranking	29/01/99 – 31/01/00			31/01/95 – 31/01/00		31/01/90 – 31/01/00			31/01/85 – 31/01/00		
				%Veränd	Rang	Qrtl	%Veränd	Rang	%Veränd	Rang	Qrtl	%Veränd	Rang	Qrtl
INVESCO GT Japan A	USD	972452	****	140,88%	8	1	169,74%	1	17,10%	11	2	194,32%	3	2
Fleming FF Japanese	USD	971602	*****	213,71%	1	1	151,52%	2	125,12%	1	1	K/A	–	–
DWS Japan Fonds	XDM	849090	****	148,23%	7	1	139,93%	3	K/A	–	–	K/A	–	–
Fidelity Fds Japan	JPY	971532	*****	153,59%	5	1	128,54%	4	K/A	–	–	K/A	–	–
Indocam Mosais Japanese Eq PA	JPY	989764	****	183,33%	2	1	121,58%	5	K/A	–	–	K/A	–	–
Newton Japan	GBP	930443	***	83,83%	56	3	111,03%	6	77,64%	5	1	K/A	–	–
KBC Equity Fd Japan C	JPY	974155	*****	108,40%	27	2	110,61%	7	K/A	–	–	K/A	–	–
Baer Multistock Japan Stock A	JPY	972686	****	113,78%	25	2	109,78%	8	K/A	–	–	K/A	–	–
GAM Star Tokyo EUR Inc	XDM	972086	**	98,68%	35	2	108,58%	9	K/A	–	–	K/A	–	–
ING Inti Japanese Equity EUR C	XNL	k. WKN	****	119,03%	19	1	107,06%	10	K/A	–	–	K/A	–	–
HSBC GIF Japanese Equity	USD	973761	****	133,55%	10	1	106,14%	11	74,35%	6	1	K/A	–	–
ING Inti Japanese Equity JPY C	JPY	989482	****	118,83%	20	1	105,32%	12	K/A	–	–	K/A	–	–
Unilapan	XDM	975012	*****	127,76%	15	1	102,34%	13	K/A	–	–	K/A	–	–
Sogelux Fd Eq Japan Opp	JPY			124,72%	16	1	99,92%	14	111,78%	2	1	K/A	–	–
Mercury ST Japan A	USD	971037	****	114,28%	24	2	99,42%	15	34,14%	8	2	K/A	–	–

G. AKTIENFONDS TECHNOLOGIE & TELEKOM

Micropal Workstation Report

Einmalanlage, % Veränderung, Anfangsbetrag DM 100,00, Rück-Rück, Deutschmark, Brutto, Gefiltert (Quelle: Standard & Poor's micropal)

Deutsche reg. Fonds / Aktien Technologie & Telekom	Währung / ISO	WKN Code	S&P FS Star Ranking	29/01/99 → 31/01/00 %Veränd	Rang	Qrtl	31/01/95 → 31/01/00 %Veränd	Rang	Qrtl	31/01/90 → 31/01/00 %Veränd	Rang	Qrtl	31/01/85 → 31/01/00 %Veränd	Rang	Qrtl
Henderson HF GT Technology	USD	989234	****	224,69%	1	1	K/A	–	–	K/A	–	–	K/A	–	–
Framlington FlP Technology	USD	926042		183,64%	2	1	K/A	–	–	K/A	–	–	K/A	–	–
Fleming FF US Emg Technology	USD	987702		154,77%	3	1	K/A	–	–	K/A	–	–	K/A	–	–
Goldman Sachs Technology	CHF	986102	*****	152,82%	4	1	K/A	–	–	K/A	–	–	K/A	–	–
UBS (Lux) EF-Technology	USD	987607		136,56%	5	1	K/A	–	–	K/A	–	–	K/A	–	–
Nordinternet	XDM	978530		134,77%	6	1	K/A	–	–	K/A	–	–	K/A	–	–
ING Inti IT Fund C	USD	989484		132,02%	7	1	K/A	–	–	K/A	–	–	K/A	–	–
LO Inv Infology A	USD	921530		128,75%	8	1	K/A	–	–	K/A	–	–	K/A	–	–
Pictet G.S.F. Telecom H	USD	988561		127,06%	9	1	K/A	–	–	K/A	–	–	K/A	–	–
DIT Software	XDM	848188		126,31%	10	2	K/A	–	–	K/A	–	–	K/A	–	–
Seligman Global Technology	USD	987445		123,63%	11	2	K/A	–	–	K/A	–	–	K/A	–	–
ABN AMRO Gibl Info Soc Eqty	USD	988116		121,00%	12	2	K/A	–	–	K/A	–	–	K/A	–	–
Orbitex Comm&Info Technology	USD	974158	**	120,70%	13	2	462,95%	5	–	K/A	–	–	K/A	–	–
Dekal OC Infology Portfolio B	USD	988719		119,55%	14	2	K/A	–	–	K/A	–	–	K/A	–	–
INVESCO GT Telecom A	USD	972010	*	115,29%	15	2	361,88%	8	–	K/A	–	–	K/A	–	–

Micropal Workstation Report

Einmalanlage, % Veränderung, Anfangsbetrag DM 100,00, Rück-Rück, Deutschmark, Brutto, Gefiltert (Quelle: Standard & Poor's micropal)

Deutsche reg. Fonds / Gemischte Fonds Deutschland	Währung	WKN	S&P FS / Star	29/01/99 / 31/01/00			31/01/95 / 31/01/00			31/01/90 / 31/01/00			31/01/85 / 31/01/00		
Code			Ranking	%Veränd	Rang	Qrtl	%Veränd	Rang	Qrtl	%Veränd	Rang	Qrtl	%Veränd	Rang	Qrtl
DWS Bildungsfonds	XDM	847419	*****	30,93	1	1	176,47%	1	–	K/A	–	–	K/A	–	–
MMWI SELECT Fonds	XDM	976530	****	29,18%	2	1	138,42%	2	–	201,37%	1	1	97,99%	2	3
GS & P Fonds OP	XDM	977853		19,58%	3	1	K/A	–	–	K/A	–	–	K/A	–	–
Albatros Fonds OP	XDM	848646	**	19,22%	4	1	98,16%	6	–	K/A	–	–	K/A	–	–
Oppenheim DA	XDM	848632	***	17,73%	5	1	68,99%	9	–	K/A	–	–	K/A	–	–
OC Invest OP	XDM	848671	****	17,56%	6	1	K/A	–	–	K/A	–	–	K/A	–	–
VICTORIA Eurowert	XDM	975745	*****	17,43%	7	2	119,29%	4	–	K/A	–	–	K/A	–	–
Gerling Vario Fonds	XDM	848113	**	17,03%	8	2	59,70%	10	–	K/A	–	–	K/A	–	–
A.L.S.A.-Portfolio-Wachstum	XDM	986617	****	15,85%	9	2	K/A	–	–	K/A	–	–	K/A	–	–
Naspa Fonds Deka	XDM	848080	***	15,63%	10	2	81,89%	8	–	144,12%	3	3	K/A	–	–
FONDRA	XDM	847100	****	14,22%	11	2	129,52%	3	–	143,23%	4	4	332,76%	1	2
Gothaer Global BB Invest	XDM	977015	***	13,78%	12	2	K/A	–	–	K/A	–	–	K/A	–	–
Fidelity Fds PS Moderate Grh	DEM	k.WKN	***	12,02%	13	3	K/A	–	–	K/A	–	–	K/A	–	–
GWP Fonds FT	XDM	847819	***	11,06%	14	3	109,55%	5	–	K/A	–	–	K/A	–	–
Merck Finck Invest 50	XDM	986138	**	10,10%	15	3	K/A	–	–	K/A	–	–	K/A	–	–

I. GEMISCHTE FONDS EUROPA

Micropal Workstation Report

Einmalanlage, % Veränderung, Anfangsbetrag DM 100,00, Rück-Rück, Deutschmark, Brutto, Gefiltert (Quelle: Standard & Poor's micropal)

Deutsche reg. Fonds / Gemische Fonds Europa	Währung ISO Code	WKN	S&P FS Star Ranking	29/01/99 31/01/00 %Veränd	Rang	Qrtl	31/01/95 31/01/00 %Veränd	Rang	31/01/90 31/01/00 %Veränd	Rang	Qrtl	31/01/85 31/01/00 %Veränd	Rang	Qrtl
Sun Life GP Distribution	GBP	973446	***	23,15%	1	1	156,01%	2	K/A	–	–	K/A	–	–
HANSAeuropa	XDM	847915	****	22,50%	2	1	K/A	–	K/A	–	–	K/A	–	–
DWS (Austria) Europa Aktien	XAU	986470	*****	21,07%	3	1	K/A	–	K/A	–	–	K/A	–	–
Astra Fonds FI	XDM	977700	***	20,45%	4	1	K/A	–	K/A	–	–	K/A	–	–
INKA FS Invest	XDM	975670	**	20,12%	5	2	K/A	–	K/A	–	–	K/A	–	–
Fidelity Fds Euro Balanced	XDM	973810	****	19,53%	6	2	165,68%	1	K/A	–	–	K/A	–	–
DB Firmeninvest 2	XDM	988394		18,52%	7	2	K/A	–	K/A	–	–	K/A	–	–
Advance III	XDM	987228		12,65%	8	2	K/A	–	K/A	–	–	K/A	–	–
EuroExpert	XDM	978690		12,37%	9	2	K/A	–	K/A	–	–	K/A	–	–
BHF-Protected Growth Fund-Lux	XDM	973717	***	12,31%	10	3	80,21%	5	K/A	–	–	K/A	–	–
N Fonds Nr. 1 Europa BKG	XDM	975367		10,60%	11	3	K/A	–	K/A	–	–	K/A	–	–
DIT Kapital Plus	XDM	847625	**	6,35%	12	3	97,46%	3	K/A	–	–	K/A	–	–
CS PF (Lux) Income (Lira) A	ITL	973570	**	6,05%	13	3	82,35%	4	K/A	–	–	K/A	–	–
DKU Fonds	XDM	975015	*	5,87%	14	4	K/A	–	K/A	–	–	K/A	–	–
CS PF (Lux) Income (Euro) A	XEC	989239		5,27%	15	4	K/A	–	K/A	–	–	K/A	–	–

J. AS-FONDS DYNAMISCH

Micropal Workstation Report

Einmalanlage, % Veränderung, Anfangsbetrag DM 100,00, Rück-Rück, Deutschmark, Brutto, Gefiltert (Quelle: Standard & Poor's micropal)

Deutsche reg. Fonds / AS-Fonds dynamisch	Währung	WKN	S&P FS	29/01/99 31/01/00			31/01/95 31/01/00			31/01/90 31/01/00			31/01/85 31/01/00		
Code	ISO		Star Ranking	%Veränd	Rang	Qrtl	%Veränd	Rang	Qrtl	%Veränd	Rang	Qrtl	%Veränd	Rang	Qrtl
DWS Vorsorge AS Dynamik	XDM	976988		81,97%	1	1	K/A	–	–	K/A	–	–	K/A	–	–
ADIG AS Aktiv Dynamik	XDM	978696		69,72%	2	1	K/A	–	–	K/A	–	–	K/A	–	–
Deka Privat Vorsorge AS	XDM	978620		68,23%	3	1	K/A	–	–	K/A	–	–	K/A	–	–
Nordinvest-AS	XDM	979200		52,61%	4	1	K/A	–	–	K/A	–	–	K/A	–	–
DIT Altersvors. 35	XDM	848191		51,65%	5	1	K/A	–	–	K/A	–	–	K/A	–	–
BfG Invest GenerationPlus	XDM	976924		40,50%	6	1	K/A	–	–	K/A	–	–	K/A	–	–
BWK-Dynamik AS	XDM	978038		38,31%	7	2	K/A	–	–	K/A	–	–	K/A	–	–
Opti MIX FI	XDM	977704		37,54%	8	2	K/A	–	–	K/A	–	–	K/A	–	–
DIT Altersvors. 45	XDM	848192		30,81%	9	2	K/A	–	–	K/A	–	–	K/A	–	–
BB-EuropaAS Invest	XDM	978608		30,70%	10	2	K/A	–	–	K/A	–	–	K/A	–	–
Citibank AS Union	XDM	975771		30,35%	11	2	K/A	–	–	K/A	–	–	K/A	–	–
FVB-AS-Union	XDM	975776		29,97%	12	2	K/A	–	–	K/A	–	–	K/A	–	–
GenoAS: 1	XDM	975768		29,72%	13	3	K/A	–	–	K/A	–	–	K/A	–	–
HANSAas	XDM	976627		28,90%	14	3	K/A	–	–	K/A	–	–	K/A	–	–
KCD-Union-AS	XDM	975772		28,56%	15	3	K/A	–	–	K/A	–	–	K/A	–	–

K. AS–FONDS NEUTRAL

Micropal Workstation Report

Einmalanlage, % Veränderung, Anfangsbetrag DM 100,00, Rück-Rück, Deutschmark, Brutto, Gefiltert (Quelle: Standard & Poor's micropal)

Deutsche reg. Fonds / AS-Fonds neutral	Währung ISO Code	WKN	S&P FS Star Ranking	29/01/99 31/01/00 %Veränd	Rang	Qrtl	31/01/95 31/01/00 %Veränd	Rang	31/01/90 31/01/00 %Veränd	Rang	Qrtl	31/01/85 31/01/00 %Veränd	Rang	Qrtl
DWS Vorsorge AS Flex	XDM	976989		57,07%	1	1	K/A	–	K/A	–	–	K/A	–	–
Gerling AS	XDM	848119		54,80%	2	1	K/A	–	K/A	–	–	K/A	–	–
ADIG AS Aktiv Plus	XDM	978697		32,30%	3	2	K/A	–	K/A	–	–	K/A	–	–
Activest ZukunftsVorsorge 3 (A	XDM	977979		22,57%	4	2	K/A	–	K/A	–	–	K/A	–	–
DIT Altersvors. 55	XDM	848193		17,36%	5	2	K/A	–	K/A	–	–	K/A	–	–
ADIG-Zukunft 3 AS	XDM	978695		16,88%	6	3	K/A	–	K/A	–	–	K/A	–	–
CS SolAS	XDM	977920		13,85%	7	3	K/A	–	K/A	–	–	K/A	–	–
BWK Kontinuit t AS	XDM	978039		13,35%	8	3	K/A	–	K/A	–	–	K/A	–	–
DIT Altersvors. 55 plus	XDM	848194		12,66%	9	4	K/A	–	K/A	–	–	K/A	–	–
FT Life-Invest Classic	XDM	977030		10,43%	10	4	K/A	–	K/A	–	–	K/A	–	–

L. OFFENE IMMOBILIENFONDS EUROPA

Micropal Workstation Report

Einmalanlage, % Veränderung, Anfangsbetrag DM 100,00, Rück-Rück, Deutschmark, Brutto, Gefiltert (Quelle: Standard & Poor's micropal)

Deutsche reg. Fonds / Offene Immobilienfonds Europa	Währung ISO Code	WKN	S&P FS Star Ranking	29/01/99 31/01/00 %Veränd	Rang	Qrtl	31/01/95 31/01/00 %Veränd	Rang	31/01/90 31/01/00 %Veränd	Rang	Qrtl	31/01/85 31/01/00 %Veränd	Rang	Qrtl
BfG Immolnvest	XDM	980230	*****	5,25%	1	1	32,84%	1	94,60%	2	1	K/A	–	–
Aachener Grund-Fonds Nr. 1	XDM	980000	***	3,29%	9	3	31,91%	2	95,40%	1	1	157,97%	1	1
CS EUROREAL	XDM	980500	****	4,95%	2	1	30,83%	3	K/A	–	–	K/A	–	–
HANSAImmobilia	XDM	981770	*	3,09%	10	3	28,99%	4	87,10%	7	3	K/A	–	–
Haus Invest	XDM	980701	****	4,76%	3	1	28,99%	5	88,87%	6	2	150,57%	4	2
DIFA Grund	XDM	980551	**	3,75%	4	1	27,85%	6	86,42%	9	3	K/A	–	–
Westinvest 1	XDM	980140	***	3,02%	12	3	27,03%	7	89,59%	4	2	K/A	–	–
GRUNDWERT FONDS	XDM	980780	**	3,06%	11	3	26,02%	8	86,50%	8	3	151,91%	2	1
DIFA Fonds Nr. 1	XDM	980550	**	3,49%	8	2	25,98%	9	89,24%	5	2	144,94%	5	3
DespaFonds	XDM	980950	**	1,98%	15	4	25,32%	10	89,68%	3	1	151,12%	3	2
CS WV Immofonds	XDM	980501	***	3,57%	6	2	25,19%	11	K/A	–	–	K/A	–	–
Grundbesitz Invest	XDM	980700	*	2,04%	14	4	25,12%	12	83,70%	11	4	142,09%	6	3
entw. Fonds Nr. 2	XDM	982001	*	3,54%	7	2	24,14%	13	85,01%	10	4	138,49%	7	4

REGISTER

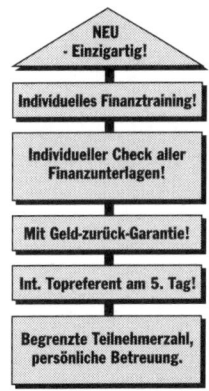

BERND W. KLÖCKNER

Geldwissen, Praxistipps, Strategien
Um reich zu werden, braucht man kein Glück, sondern ein gutes
System: Bernd W. Klöckner gibt Insiderwissen weiter,
bietet konkrete Strategien für Geldanlage und Sparen, hilft beim
persönlichen Vermögensaufbau und zeigt, was auf dem Weg
zum Reichtum beachtet werden muss. Wer seine eingängigen
Techniken und leicht umsetzbaren Erfolgsgeheimnisse kennt
und natürlich auch anwendet, wird systematisch reich –
garantiert.

16270

Der Begleiter auf dem Weg zu Ihrem persönlichen Erfolg!

Mit dem **Erfolgsberater 2000** stellen Sie sofort fest, wo Ihre Chancen für mehr Erfolg in den vier elementaren Lebensbereichen liegen. Wie ein Kompass leitet Sie die neue Systematik unseres Gesamtkataloges zu den für Sie wichtigen Büchern, CD-Roms, Video- und Audiokursen.

Gratis dazu:

Ein Ratgeber aus dem Lebensbereich Ihrer Wahl!

- *Persönlichkeitswachstum*
- *Geld/Finanzen*
- *Karriere/Management*
- *Gesundheit/Fitness*

Einfach anfordern!
Ihre Erfolgsberater sind immer für Sie da!

birkenbihl g·r·u·p·p·e

goes **add! brain**
...einfach mehr Erfolg!

Aus der birkenbihl-gruppe wird ein großes europäisches Netzwerk für Erfolgsideen: **add! brain**

**Braunsberger Feld 13
51429 Bergisch Gladbach
Telefax: 02204/869-500**

**bestellung@add-brain.com
www.add-brain.com**

B1

HOTLINE: 02204/869-200